★ 适合6至7岁 ★

春天的歌

CHUNTIAN DE GE

主编 张 丽

上海教育出版社
SHANGHAI EDUCATIONAL PUBLISHING HOUSE

编 委 会

总主编 崔　峦

主　编 张　丽

编　委

刘　珂　马学军　刘冰冰　宋道晔　靳　会

丁立美　张　丽　李香菊

编写人员

靳　会　王凤娇　韩　慧　王俊媛　李　莹

马学军　刘　欣　张胜强

广泛阅读，可以提高阅读理解力；

广泛阅读，可以丰富知识，开阔视野；

广泛阅读，可以提升思维力、鉴赏力；

广泛阅读，可以促进人的精神成长。

新编的读本，包括古诗文经典诵读、优秀作品专题阅读和整本书阅读，是落实课内外阅读一体化的优质资源。

捧起这套读本读起来，你会越来越享受阅读，你的一生一定会因为阅读而精彩！

崔峦

用阅读滋养你的心灵，让你变得聪明善良，胸怀宽广，更富想象力和创造力。

谭旭东

发现美，学会爱，表达自己，在阅读和写作中不断进步！

王一梅

致亲爱的小读者：

童年是一本打开的书，有多少秘密在等待你。不要问我：将来会怎样？我的梦想在哪里？世界很小又很大，每一本书都是一个小小阶梯。

徐鲁

为自己读书

为美好读书

肖复兴

庚子岁末

读经典的书

做优秀的人

汤素兰

阅读是一种智慧。

张之路

目录

经典诵读

专题阅读一

范文阅读

自由阅读

专题阅读二

范文阅读

组文阅读

组文阅读

自由阅读

整本书阅读

经典诵读

chūn tiān cuī kāi le měi lì de huā duǒ
春天催开了美丽的花朵，
xià tiān dài lái le bì lǜ de shù yè qiū
夏天带来了碧绿的树叶，秋
tiān sòng lái le fēng shōu de xǐ yuè dōng tiān
天送来了丰收的喜悦，冬天
yíng lái le mǎn tiān de bái xuě
迎来了满天的白雪。

ràng wǒ men zài sòng dú zhōng gǎn shòu
让我们在诵读中感受
jì jié biàn huà dài lái de lè qù zài dú
季节变化带来的乐趣。再读
du sān zì jīng hé shēng lǜ qǐ méng
读《三字经》和《声律启蒙》
xuǎn wén gǎn wù yǔ yán de yùn wèi ba
选文，感悟语言的韵味吧。

扫码收听朗诵音频

1 池上早夏（节选）

chí shàng zǎo xià jié xuǎn

táng bái jū yì

［唐］白居易

shuǐ jī chūn táng wǎn

水积春塘晚，

yīn jiāo xià mù fán

阴交夏木繁。

zhōu chuán rú yě dù

舟船如野渡，

lí luò sì jiāng cūn

篱落似江村。

扫码收听朗诵音频

xuě
雪

táng luó yǐn
[唐]罗隐

jìn dào fēng nián ruì
尽道丰年瑞，

fēng nián shì ruò hé
丰年事若何？

cháng ān yǒu pín zhě
长安有贫者，

wéi ruì bù yí duō
为瑞不宜多。

扫码收听朗诵音频

xiǎo mǎn
小 满

sòng ōu yáng xiū
[宋]欧阳修

yè yīng tí lǜ liǔ
夜莺啼绿柳，

hào yuè xǐng cháng kōng
皓月醒长空。

zuì ài lǒng tóu mài
最爱垄头麦，

yíng fēng xiào luò hóng
迎风笑落红。

扫码收听朗诵音频

4 首夏山中行吟

shǒu xià shān zhōng xíng yín

[明] 祝允明

míng zhù yǔn míng

méi zǐ qīng，méi zǐ huáng，
梅子青，梅子黄，
cài féi mài shú yǎng cán máng
菜肥麦熟养蚕忙。
shān sēng guò lǐng kàn chá lǎo，
山僧过岭看茶老，
cūn nǚ dāng lú zhǔ jiǔ xiāng
村女当垆煮酒香。

扫码收听朗诵音频

5 三字经（节选）

sān zì jīng jié xuǎn

yuē chūn xià, yuē qiū dōng,
曰春夏，曰秋冬，

cǐ sì shí, yùn bù qióng。
此四时，运不穷。

yuē nán běi, yuē xī dōng,
曰南北，曰西东，

cǐ sì fāng, yìng hū zhōng。
此四方，应乎中。

扫码收听朗诵音频

6 shēng lǜ qǐ méng jié xuǎn
声律启蒙（节选）

qīng chē wàn yù
［清］车万育

guā duì guǒ
瓜对果，

lǐ duì táo
李对桃，

quǎn zǐ duì yáng gāo
犬子对羊羔。

chūn fēn duì xià zhì
春分对夏至，

gǔ shuǐ duì shān tāo
谷水对山涛。

hàn zì zhēn qí miào

汉字真奇妙

hàn zì lì shǐ yōu jiǔ shì zhōng
汉字历史悠久，是中
huá mín zú yōu xiù wén huà de zhòng yào zǔ
华民族优秀文化的重要组
chéng bù fen ràng wǒ men dú ér gē cāi
成部分。让我们读儿歌，猜
zì mí rèn shi gèng duō de hàn zì ba
字谜，认识更多的汉字吧！

biān dú ér gē biān shí jì hàn zì
边读儿歌，边识记汉字，
zhè yàng xué xí zhēn kuài lè
这样学习真快乐！

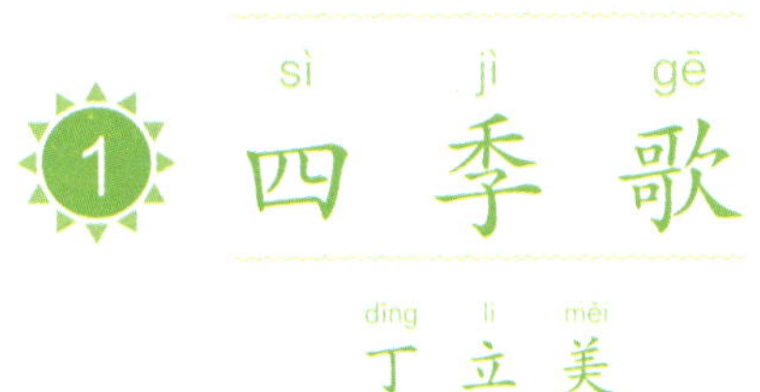

1 四季歌
(sì jì gē)

丁立美
(dīng lì měi)

chūn tiān dào, chūn tiān dào,
春天到，春天到，
liǔ lǜ huā hóng niǎo ér xiào
柳绿花红鸟儿笑。
xià tiān dào, xià tiān dào,
夏天到，夏天到，
tiān qì yán rè chán ér zào
天气炎热蝉儿噪。

qiū tiān dào，qiū tiān dào，
秋天到，秋天到，

qiū gāo qì shuǎng dà yàn jiào
秋高气爽大雁叫。

dōng tiān dào，dōng tiān dào，
冬天到，冬天到，

xuě huā piāo piāo xióng shuì jiào
雪花飘飘熊睡觉。

zhè shǒu ér gē cáng zhe hěn duō xíng róng sì jì de cí yǔ
这首儿歌藏着很多形容四季的词语。
shì zhe dú yi dú, quān yi quān, jì yi jì ba
试着读一读，圈一圈，记一记吧！

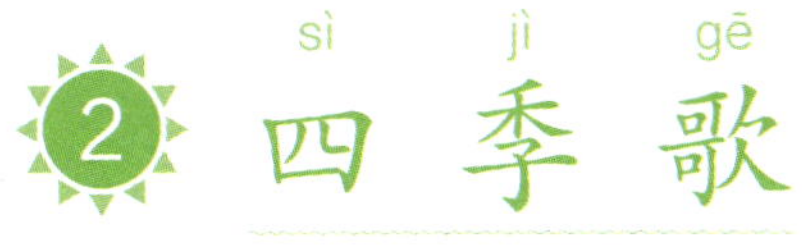

2 四季歌

sì jì gē

téng yù xù
滕毓旭

chūn jì lǐ，nuǎn yáng yáng，
春季里，暖洋洋，
dà yàn jié duì huí běi fāng，
大雁结队回北方，
cǎo ér lǜ，huā ér kāi，
草儿绿，花儿开，
nóng mín tián lǐ bō zhǒng máng。
农民田里播种忙。

xià jì lǐ，hǎo fēng guāng，
夏季里，好风光，
shān shān lǐng lǐng chuān lǜ zhuāng，
山山岭岭穿绿装，
guō guo jiào，chán ér chàng，
蝈蝈叫，蝉儿唱，
fēng chuī mài tián gǔn jīn làng。
风吹麦田滚金浪。

qiū jì lǐ tiān qì shuǎng
秋季里，天气爽，
fēng yè hóng hóng jú huā huáng
枫叶红红菊花黄，
nóng tián guǒ yuán pī wǔ cǎi
农田果园披五彩，
fēng shōu rén xǐ liáng mǎn cāng
丰收人喜粮满仓。

dōng jì lǐ xuě huā piāo
冬季里，雪花飘，
là méi huā kāi shí lǐ xiāng
蜡梅花开十里香，
xiǎo péng you duī xuě rén
小朋友，堆雪人，
liū bīng chǎng shàng xiào shēng yáng
溜冰场上笑声扬。

xìng shì wèn dá gē

3 姓氏问答歌

liú yǔ

刘 羽

nǐ xìng shén me
你姓什么？

wǒ xìng qián
我姓钱。

shén me qián
什么钱？

qián bì de qián
钱币的钱。

tā xìng shén me
他姓什么？

tā xìng sūn
他姓孙。

shén me sūn
什么孙？

sūn wù kōng de sūn
孙悟空的孙。

wǒ men de xìng shì yǒu hěn duō
我们的姓氏有很多，

léi yǔ de léi cháng jiāng de jiāng
雷雨的雷，长江的江，

xǔ duō de xǔ jiàn kāng de kāng
许多的许，健康的康……

wǒ néng zhào yàng zi jiè shào bān lǐ tóng xué de xìng shì
我能照样子介绍班里同学的姓氏。

4 水果问答

mǎ zhù shēng
马筑生

shén me shēng lái zhǎng de měi
什么生来长得美？
shén me shēng lái wāi zhe zuǐ
什么生来歪着嘴？
píng guǒ shēng lái zhǎng de měi
苹果生来长得美。
pán táo shēng lái wāi zhe zuǐ
蟠桃生来歪着嘴。

shén me shēng lái yí lòu yá
什么生来一露牙？
shén me shēng lái yì bāo shuǐ
什么生来一包水？
shí liu shēng lái yí lòu yá
石榴生来一露牙。
pú tao shēng lái yì bāo shuǐ
葡萄生来一包水。

shén me shēng lái xiàng dà jiě
什么生来像大姐？

shén me shēng lái pái zhe duì
什么生来排着队？

huā hóng shēng lái xiàng dà jiě
花红生来像大姐。

xiāng jiāo shēng lái pái zhe duì
香蕉生来排着队。

shén me shēng lái zhàn shù shāo
什么生来站树梢？

shén me shēng lái shēn jià guì
什么生来身价贵？

lì zhī shēng lái zhàn shù shāo
荔枝生来站树梢。
guì yuán shēng lái shēn jià guì
桂圆生来身价贵。

shén me shēng lái guà jīn zhōng
什么生来挂金钟？
shén me shēng lái xīn lǐ měi
什么生来心里美？
huáng lí shēng lái guà jīn zhōng
黄梨生来挂金钟。
xī guā shēng lái xīn lǐ měi
西瓜生来心里美。

yí wèn yì dá de jiè shào
一问一答地介绍
shuǐ guǒ zhēn yǒu yì si
水果，真有意思！

xīn shū bāo

5 新书包

dǒng hóng

董红

guò chūn jié， fàng huā pào，

过春节，放花炮，

dà jiē xiǎo xiàng zhēn rè nao。

大街小巷真热闹。

chuān xīn yī， dài xīn mào，

穿新衣，戴新帽，

gè zú tóng bāo qí huān xiào。

各族同胞齐欢笑。

bǎi huā yuán， huā hán bāo，
百花园，花含苞，
dòng wù yuán lǐ hǔ páo xiào
动物园里虎咆哮。
xīn shū bāo， huái zhōng bào，
新书包，怀中抱，
chuī gè pào pao zhuī zhe pǎo
吹个泡泡追着跑。
xiǎo mèi mei， nián jì xiǎo，
小妹妹，年纪小，
kuài kuài zhǎng dà shàng xué xiào
快快长大上学校。

wǒ xué huì le yòng shú zì jiā piān páng de fāng fǎ shí zì
我学会了用“熟字加偏旁”的方法识字。

6 “河”“呵”“可”“何”

hé hē kě hé

yáng hú píng
杨胡平

mǎ yǐ jīn tiān yào guò hé
蚂蚁今天要过“河”，
lái dào hé biān xiào hē hē
来到“河”边笑“呵呵”。
àn biān shù yè kě dàng chuán
岸边树叶“可”当船，
hé bù chéng chuán qù guò hé
“何”不乘船去过“河”。

ná qǐ bǐ quān yi quān kě zì jiā piān páng zǔ chéng de shēng zì ba
拿起笔，圈一圈“可”字加偏旁组成的生字吧！

7 米字歌

mǐ zì gē

liú róng
刘榕

mǐ zì zhēn qí miào
米字真奇妙，

jiā gāo hǎo wèi dào
加羔好味道，

jiā kǒu xiǎo māo jiào
加口小猫叫，

jiā mù mī mī xiào
加目眯眯笑。

wǒ néng bǎ bù tóng piān páng hé
我能把不同偏旁和

mǐ zì jiā yi jiā cāi chū zì mí
“米”字加一加，猜出字谜。

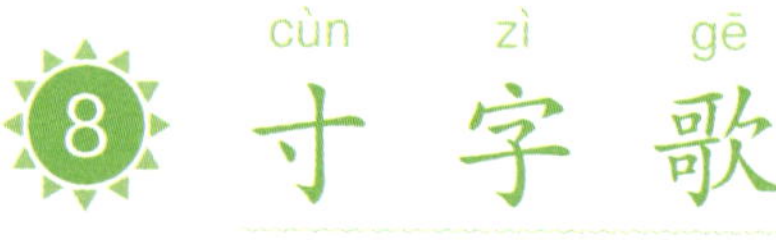

8 cùn zì gē
寸字歌

lài sōng tíng
赖松廷

cùn zì yǒu gōng láo
寸字有功劳，
jiā tǔ xiū sì miào
加土修寺庙，
jiā yòu bú fàn cuò
加又不犯错，
jiā shēn shè dà diāo
加身射大雕。

wǒ zhǎo dào le sān gè hán yǒu cùn de zì sì duì shè
我找到了三个含有“寸”的字：寺、对、射。

chūn tiān bèi mài guāng le
1 春天被卖光了

dù róng chēn
杜荣琛

chūn tiān shì yì pǐ
春天是一匹

shì jiè shàng zuì měi lì de cǎi bù
世界上最美丽的彩布，

yàn zi shì gè mài bù láng
燕子是个卖布郎。

tā suí shēn dài zhe yì bǎ jiǎn dāo
他随身带着一把剪刀，

měi tiān máng lù de dōng fēi fei xī jiǎn jian
每天忙碌地东飞飞，西剪剪，

bǎ chūn tiān yí cùn cùn mài guāng le
把春天一寸寸卖光了。

yín sè de yǔ
2 银 色 的 雨

lǐ kūn chún
李 昆 纯

yǒng gǎn de yuè xià
勇敢地跃下，

yì sī sī yì kē kē
一丝丝，一颗颗，

xǐ le cuì miáo zuì le huā duǒ
喜了翠苗，醉了花朵。

yì quān quān lián yī sì kuò
一圈圈，涟漪四扩，

jiāng hé zài xiào
江河在笑，

xuán qǐ yí gè gè jiǔ wō
旋起一个个酒窝。

xiàng zhe dà hǎi
向着大海，
xiǎo xī bēn xiè zhe
小溪奔泻着，
chàng yí lù chūn gē
唱一路春歌。

yě jùn què pà lín shī yì shēn
野菌却怕淋湿一身，
chēng qǐ yì bǐng bǐng xiǎo sǎn
撑起一柄柄小伞，
duǒ zài xiǎo xiǎo de jiǎo luò
躲在小小的角落。

3 数角

shǔ jiǎo

gài shàng duó

盖尚铎

yì tóu niú，liǎng zhī jiǎo，
一头牛，两只角，

liǎng tóu niú，sì zhī jiǎo，
两头牛，四只角，

sān tóu niú，jǐ zhī jiǎo？
三头牛，几只角？

bié jí，bié jí，
别急，别急，

qǐng kàn hǎo——
请看好——

yào shi niú dú méi zhǎng jiǎo。
要是牛犊没长角。

yì zhāng zhuō sì gè jiǎo
一张桌，四个角，

liǎng zhāng zhuō bā gè jiǎo
两张桌，八个角，

sān zhāng zhuō jǐ gè jiǎo
三张桌，几个角？

bié jí bié jí
别急，别急，

qǐng shǔ hǎo
请数好——

yào shi yuán zhuō méi yǒu jiǎo
要是圆桌没有角。

kàn jiàn wèn hào wǒ néng dú chū yí wèn de yǔ qì
看见问号，我能读出疑问的语气。

4 jiǎ 甲

lǚ xún
吕 寻

tián zì zhǎng wěi ba
田字长尾巴，

yóu zì tóu cháo xià
由字头朝下，

wǒ bèi jiào zuò jiǎ
我被叫作“甲”，

pái háng shì lǎo dà
排行是老大。

tóng nián de xīn yuàn

童年的心愿

wǒ yǒu xǔ duō měi hǎo de yuàn wàng
我有许多美好的愿望：

xiǎng bǎ xīng xing chuān chéng xiàng liàn xiǎng bǎ
想把星星穿成项链，想把

ài xīn biān chéng huā huán xiǎng huà yì fú cháng
爱心编成花环，想画一幅长

jiāng yí yàng cháng de měi lì huà juàn
江一样长的美丽画卷……

nǐ de yuàn wàng kě zhēn duō ya
你的愿望可真多呀！

ràng wǒ men zhǎo chū wén zhōng de míng xiǎn xìn
让我们找出文中的明显信

xī jì xù liàn xí lǎng dú cí yǔ hé jù zi
息，继续练习朗读词语和句子。

gǎn xiè
1 感谢

fán fā jià
樊发稼

xiǎo niǎo gǎn xiè lán tiān
小鸟感谢蓝天，
jī lì tā men yǒng gǎn de líng kōng áo xiáng
激励它们勇敢地凌空翱翔。

shù mù gǎn xiè ní tǔ
树木感谢泥土，
wèi tā men mò mò fèng xiàn shuǐ fèn hé yíng yǎng
为它们默默奉献水分和营养。

pù bù gǎn xiè bǎi xī qiān quán
瀑布感谢百溪千泉，
huì chéng tā men zhèn tiān hàn dì de huī huáng
汇成它们震天撼地的辉煌。

huā duǒ gǎn xiè yǔ lù yáng guāng
花朵感谢雨露阳光，
gěi le tā men mí rén de sè cǎi hé fēn fāng
给了它们迷人的色彩和芬芳。

wǒ men gǎn xiè jìng ài de lǎo shī
我们感谢敬爱的老师，
yòng zhī shi de rǔ zhī bǔ yù wǒ men chéng zhǎng
用知识的乳汁哺育我们成长。

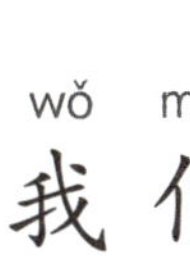

xìng fú shēng huó lái zhī bú yì wǒ men yào xué huì gǎn ēn dǒng de zhēn xī
幸福生活来之不易，我们要学会感恩，懂得珍惜！

huáng hé de huà

2 黄河的话

yè shèng táo

叶圣陶

wǒ cóng qīng hǎi dì fang de gāo shān dòng
我从青海地方的高山动
shēn à wǒ de lù chéng zhēn bù duǎn qǐ
身。啊，我的路程真不短！起
jìn de shí hou wǒ jiù kuài kuài de pǎo lì
劲的时候，我就快快地跑，力
fá de shí hou wǒ jiù màn màn de pǎo wǒ
乏的时候，我就慢慢地跑，我
zǒng děi zǒu wán wǒ de lù chéng
总得走完我的路程。

shān shàng de ní shā kàn jiàn wǒ dòng shēn
山上的泥沙看见我动身，
duì wǒ shuō qǐng nǐ dài wǒ men chū qù yě
对我说：“请你带我们出去，也
ràng wǒ men kàn kan guǎng dà de shì jiè wǒ
让我们看看广大的世界。”我
bù hǎo tuī cí jiù dài zhe nà xiē huáng sè de
不好推辞，就带着那些黄色的

péng you yì tóng pǎo yīn cǐ rén jiù jiào wǒ
朋友一同跑。因此，人就叫我

huáng hé
“黄河”。

wǒ pǎo chū le cháng chéng yòu pǎo jìn le
我跑出了长城，又跑进了

cháng chéng wǒ jīng guò méi yǒu rén yān de shā mò
长城。我经过没有人烟的沙漠，

yě jīng guò róng yì gēng zhòng de hǎo dì fang
也经过容易耕种的好地方。

yǒu shí hou wǒ pǎo dào liǎng zuò shān de
有时候，我跑到两座山的
zhōng jiān dào lù xiá zhǎi shān yá bǐ zhí bī
中间。道路狭窄，山崖笔直，逼
de wǒ zhǐ hǎo pīn mìng kuài pǎo shān shàng yǒu xiē
得我只好拼命快跑。山上有些
shén me dōng xi wǒ dōu lái bù jí kàn
什么东西，我都来不及看。

wǒ pǎo dào yǒu xiē dì fang zhǐ néng kàn
我跑到有些地方，只能看
jiàn liǎng páng biān de dī àn tīng shuō dī àn wài
见两旁边的堤岸。听说堤岸外
biān de xiāng cūn hé chéng shì dōu bǐ wǒ dī rén
边的乡村和城市都比我低，人
kǒng pà wǒ pǎo dào nà biān qù suǒ yǐ zhù qǐ
恐怕我跑到那边去，所以筑起
dī àn lái
堤岸来。

zuì hòu wǒ dào le hǎi lǐ duō me kuài
最后我到了海里。多么快
lè ya měi tiān zǎo chen wǒ kě yǐ kàn hǎi
乐呀，每天早晨，我可以看海
shàng shēng qǐ lái de tài yáng
上升起来的太阳！

3 热爱祖国

rè ài zǔ guó

lǐ hóng shēng
李宏声

nǐ yào wèn wǒ shén me shì zǔ guó
你要问我，什么是祖国？

wǒ kě yǐ gāo xìng de gào su nǐ
我可以高兴地告诉你：

lán tiān shì niǎo ér de zǔ guó bù shān
蓝天是鸟儿的祖国，不扇
dòng chì bǎng zěn néng liǎo jiě zǔ guó de xiōng huái
动翅膀，怎能了解祖国的胸怀
shì rú cǐ guǎng kuò
是如此广阔！

dà dì shì zhǒng zi de zǔ guó bù fā
大地是种子的祖国，不发
yá tǔ suì rú hé bào dá zǔ guó mǔ qīn nà
芽吐穗，如何报答祖国母亲那
wú sī de chén mò
无私的沉默！

hǎi yáng shì lún chuán de zǔ guó bù chéng
海洋是轮船的祖国，不乘

fēng pò làng qǐ néng lǐ jiě zǔ guó jì yǔ xī
风破浪，岂能理解祖国寄予希
wàng de yīn qiè
望的殷切！

shēng mìng shì wèi lái de zǔ guó bú shàng
生命是未来的祖国，不上
xià qiú suǒ zǔ guó jiāng huì jǐ yǔ nǐ de shì
下求索，祖国将会给予你的是
yì wú suǒ huò
一无所获！

nǐ yào wèn wǒ shuí shì wǒ de zǔ guó
你要问我，谁是我的祖国？
wǒ yě huì zì háo de gào su nǐ
我也会自豪地告诉你：
zhōng huá rén mín gòng hé guó shì wǒ de zǔ guó
中华人民共和国是我的祖国，
lì shǐ yōu jiǔ dì dà wù bó
历史悠久，地大物博，
cháng jiāng cháng chéng huáng shān huáng hé
长江长城，黄山黄河，
wǔ shí liù gè mín zú míng rén zhòng duō
五十六个民族，名人众多！
wǒ hái yào dà shēng de gào su nǐ
我还要大声地告诉你：

wǒ de mèng yě yǒu zǔ guó tā jiù shì
我的梦也有祖国，它就是
wǒ de xīn ér yì kē
我的心儿一颗！
niǎo ér de yǒng gǎn zhǒng zi de zhí
鸟儿的勇敢、种子的执
zhuó lún chuán de xìng gé wèi lái de pīn bó
着、轮船的性格、未来的拼搏，
shí shí kè kè dōu zài wǒ de xīn zhōng
时时刻刻都在我的心中
jiǎng shù zhe xǔ duō gǔ lǎo de chuán shuō
讲述着许多古老的传说，
měi yí gè chuán shuō dōu shì yí jù níng
每一个传说都是一句凝
zhòng de zhǔ tuō
重的嘱托——
rè ài zǔ guó
热爱祖国！

wǒ men kě yǐ jiè zhù dòu hào hé tàn hào dú hǎo tíng dùn
我们可以借助逗号和叹号读好停顿。

4 我多想

wǒ duō xiǎng

丁立美

dīng lì měi

wǒ duō xiǎng qù kàn kan
我多想去看看：

bēn téng de huáng hé
奔腾的黄河，

wēi é de tài shān
巍峨的泰山，

měi lì de rì yuè tán
美丽的日月潭，

hái yǒu nà yí wàng wú jì de dà cǎo yuán
还有那一望无际的大草原。

wǒ duō xiǎng qù kàn kan
我多想去看看：

xióng wěi de cháng chéng
雄伟的长城，

jīng zhì de sū zhōu yuán lín
精致的苏州园林，

zhuàng guān de bù dá lā gōng
壮观的布达拉宫，

hái yǒu nà zhèn hàn rén xīn de dū jiāng yàn
还有那震撼人心的都江堰。

dú yi dú, zhào yàng zi shuō yi shuō:
读一读，照样子说一说：

bēn téng de huáng hé wēi é de tài shān
奔腾的黄河 巍峨的泰山……

zhǎo mèng
5 找梦

tián dì
田地

wǒ yí shuì zháo
我一睡着，
mèng jiù lái le
梦就来了。
wǒ yì xǐng lái
我一醒来，
mèng jiù qù le
梦就去了。

mèng cóng nǎ lǐ lái
梦从哪里来？
yòu dào nǎ lǐ qù
又到哪里去？
wǒ duō me xiǎng zhī dào
我多么想知道，
xiǎng bǎ tā men zhǎo dào
想把它们找到！

zài zhěn tou lǐ ma
在枕头里吗？
wǒ kàn kan méi yǒu
我看看——没有。
zài bèi wō zhōng ma
在被窝中吗？
wǒ kàn kan méi yǒu
我看看——没有。

guān shàng mén yě hǎo
关上门也好，
guān shàng chuāng yě hǎo
关上窗也好，
zhǐ yào yì hé yǎn
只要一合眼，
mèng jiù yòu lái le
梦就又来了。

nǐ yǒu méi yǒu zuò guo zhè yàng yǒu qù de shì qing hé tóng xué shuō yi shuō ba
你有没有做过这样有趣的事情？和同学说一说吧！

6 zhuō mí cáng 捉迷藏

shèng yě
圣野

xiǎo mèi mei gēn fēng
小妹妹跟风
zhuō mí cáng
捉迷藏。

xiǎo mèi mei wèn fēng
小妹妹问风：
cáng hǎo le méi yǒu
“藏好了没有？”
dāi le hǎo yí huìr
待了好一会儿，
méi yǒu tīng fēng shuō huàr
没有听风说话儿，
xiǎo mèi mei jiù cóng qiáng jiǎo hòu
小妹妹就从墙角后

tiào chū lái zhǎo fēng
跳出来找风，
zhǎo lái zhǎo qù zhǎo bú dào
找来找去找不到。

hū rán xī de yì shēng
忽然，“嘻”的一声，
fēng zài yì kē shù shàng xiào qǐ lái le
风在一棵树上笑起来了。

yǒu yí piàn shù yè zi méi zhàn wěn
有一片树叶子没站稳，

gěi fēng yí xiào
给风一笑，

diào xià lái le
掉下来了。

xiǎo mèi mei lián máng tiào guò qù
小妹妹连忙跳过去，

bǎ yè zi zhuō zhù wèn tā
把叶子捉住，问它：

fēng ne
“风呢？”

yè zi liǎn hóng de shuō
叶子脸红地说：

wǒ yě bù zhī dào
“我也不知道！”

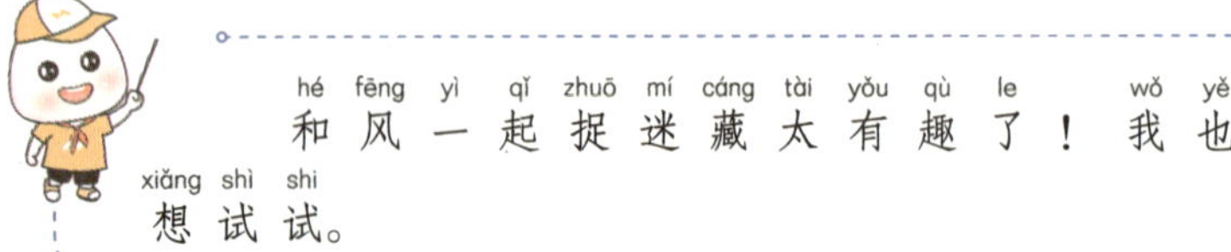

7 上学一路歌

傅永健

春天上学，走一路，看一路花。黄的是蒲公英，紫的是二月兰。一边走，一边看，弄得满身香。

夏天上学，走一路，蹚一路溪水。小溪从山上流下来，我们随着它跳过山石，我们唱着歌，伴随着叮咚叮咚的水声到了学校。结果，教室的地上，满

shì shī xié yìn
是湿鞋印。

qiū tiān shàng xué zǒu yí lù chī yí lù
秋天上学，走一路，吃一路

yě guǒ wǒ men chī luò zài dì shàng de qīng pí
野果。我们吃落在地上的青皮

hé tao zá hé tao nòng de shǒu zhǐ xiàng hēi tàn
核桃，砸核桃弄得手指像黑炭

tiáo xǐ yě xǐ bú diào wǒ men zhāi suān zǎo chī
条，洗也洗不掉。我们摘酸枣吃，

nǎ kē shù shàng de hóng jiù zhāi nǎ kē shù shàng
哪棵树上的红，就摘哪棵树上

de jīn tiān bù hóng míng tiān jiù hóng le
的；今天不红，明天就红了。

dōng tiān shàng xué xiǎo xī biàn chéng le cháng
冬天上学，小溪变成了长

cháng de dà huá tī wǒ men huò zhě zhàn huò zhě
长的大滑梯。我们或者站，或者

zuò wǎng bīng shàng yì chōng yào me ràng xiǎo huǒ bàn
坐，往冰上一冲，要么让小伙伴

bāng máng yì tuī biàn cóng zì jiā mén kǒu yì zhí
帮忙一推，便从自家门口一直

huá dào le xué xiào yí lù dā dā dā dā
滑到了学校。一路嗒嗒嗒！嗒

dā dā zhēng kāi yǎn jing hǎo xiàng zuò qì chē
嗒嗒！睁开眼睛，好像坐汽车；

bì shàng yǎn jing hǎo xiàng zuò fēi jī dào
闭上眼睛，好像坐飞机。“到

le dào le huǒ bàn men hù xiāng tí xǐng
了！到了！”伙伴们互相提醒

zhe yǐ miǎn zuò guò zhàn pǎo jìn xiào mén
着，以免坐过“站”。跑进校门，

dà huǒr yòu dōu guài xué xiào tài jìn tài jìn
大伙儿又都怪学校太近太近。

sì jì de fēng jǐng bù tóng wǒ men
四季的风景不同，我们

de tǐ yàn yě bù tóng tài yǒu qù le
的体验也不同。太有趣了！

zhè lǐ wèi tóng xué men xuǎn biān le sān piān wén zhāng xiǎo cǎo píng shù
这里为同学们选编了三篇文章:《小草坪》《树》
chuāng shàng de tú huà zhè xiē wén zhāng cóng bù tóng fāng miàn jiè shào le sì jì
《窗上的图画》。这些文章从不同方面介绍了四季
bù tóng de jǐng sè yuè dú shí tóng xué men kě yǐ yùn yòng duō zhǒng xíng shì lǎng
不同的景色。阅读时,同学们可以运用多种形式朗
dú dú hǎo cí yǔ hé jù zi de jié zòu hái kě yǐ huà chū nǐ yǎn zhōng de sì
读,读好词语和句子的节奏;还可以画出你眼中的四
jì fēng jǐng yo
季风景哟!

shèng yě
圣野

zài wǒ jiā de mén qián yǒu yí kuài xiǎo cǎo píng
在我家的门前,有一块小草坪。

chūn tiān de shí hou tàn tóu tàn nǎo zhǎng chū le qīng qīng de xiǎo cǎo
春天的时候,探头探脑,长出了青青的小草。

xià tiān de shí hou xiǎo cǎo zài mén qián
夏天的时候,小草在门前

pū qǐ le yì tiáo píng zhǎn zhǎn de lǜ sè de dì
铺起了一条平展展的绿色的地

tǎn wǒ zài dì tǎn shàng dǎ gǔnr zhuī zhú zhe
毯。我在地毯上打滚儿，追逐着

yí bèng yí tiào de mà zha děng wǒ de xiǎo shǒu
一蹦一跳的蚂蚱。等我的小手

yào zhuā zhù mà zha de shí hou tā dū de yí
要抓住蚂蚱的时候，它嘟的一

xià fēi zǒu le
下飞走了。

qiū tiān lái le zài xiǎo cǎo píng de biān
秋天来了，在小草坪的边

biān jiǎo jiǎo lǐ, xī shuài chàng qǐ le gē。wǒ
边角角里，蟋蟀唱起了歌。我
xiǎng zhuō zhù tā, yòu pà jīng dòng tā。tā yì tīng
想捉住它，又怕惊动它。它一听
dào wǒ de jiǎo bù shēng, jiù tíng zhǐ le chàng gē。
到我的脚步声，就停止了唱歌。

dōng tiān lái le, xiǎo cǎo píng bú jiàn
冬天来了，小草坪不见
le, gài shàng le hòu hòu de xuě huā bèi。wǒ
了，盖上了厚厚的雪花被。我
ài zài yín bái sè de bèi zi shàng, cǎi chū yí
爱在银白色的被子上，踩出一
gè gè zì jǐ de jiǎo yìn。
个个自己的脚印。

zhè jiǎo yìn shì tōng xiàng měi lì de chūn
这脚印是通向美丽的春
tiān de。
天的。

树

刘饶民

chūn tiān de shù
春天的树，
shì huā ér men xuǎn měi de wǔ tái
是花儿们选美的舞台。
xià tiān de shù
夏天的树，
shì chán ér men chàng gē de jiào shì
是蝉儿们唱歌的教室。
qiū tiān de shù
秋天的树，
shì shuǐ guǒ men shuì jiào de yáo lán
是水果们睡觉的摇篮。
dōng tiān de shù
冬天的树，
shì fēng ér men sài pǎo de yùn dòng chǎng
是风儿们赛跑的运动场。

3 窗上的图画

chuāng shàng de tú huà

guān dēng yíng
关登瀛

shì shuí qiāo zhe bō li chuāng
是谁敲着玻璃窗——

shā shā shā
沙沙沙——

xiǎo xuě huā gào su wǒ
小雪花告诉我，

dōng tiān lái le
冬天来了。

dī dā dī dā
滴答，滴答——

chūn yǔ gào su wǒ
春雨告诉我，

chūn tiān lái le
春天来了。

hōng lōng lōng
轰隆隆——

léi gōng gong gào su wǒ
雷公公告诉我，

xià tiān lái le
夏天来了。

shā shā shā
沙，沙，沙——

hóng yè gào su wǒ
红叶告诉我，

qiū tiān yào zǒu la
秋天要走啦。

ò wǒ de bō li chuāng shàng
哦，我的玻璃窗上，

xiāng qiàn zhe sì jì de tú huà
镶嵌着四季的图画。

阅读实践

活动一

dú du zhè sān piān wén zhāng biāo chū nǐ xǐ huan

读读这三篇文章，标出你喜欢

de cí yǔ huò jù zi yòng xià miàn de píng jià biāo zhǔn

的词语或句子。用下面的评价标准

gěi zì jǐ píng jià yí xià ba

给自己评价一下吧！

读一读

★	zhèng què de lǎng dú wén zhāng dú zhǔn zì yīn bù jiā zì bù lòu zì 正确地朗读文章，读准字音，不加字，不漏字。
★★	zhèng què liú lì de lǎng dú wén zhāng bú dùn dú bú chàng dú 正确流利地朗读文章，不顿读，不唱读。
★★★	zhèng què liú lì de lǎng dú wén zhāng dú chū yú kuài de gǎn qíng 正确流利地朗读文章，读出愉快的感情。

活动二

sì jì fēn bié yǒu nǎ xiē jǐng wù xiǎng yi xiǎng

四季分别有哪些景物？想一想，

lián yi lián

连一连。

活动三

chūn xià qiū dōng gè yǒu bù tóng de yán sè ná
春夏秋冬各有不同的颜色。拿
qǐ shǒu zhōng de yóu huà bàng wèi xià miàn de sì fú tú
起手中的油画棒，为下面的四幅图
tú shàng nǐ xǐ ài de yán sè ba
涂上你喜爱的颜色吧！

zhào huàn
1 召唤

wéi wěi
韦苇

chuāi shàng jiāng guǒ
揣上浆果，

chuāi shàng sēn lín de duō qíng
揣上森林的多情，

chuāi shàng bèi ké
揣上贝壳，

chuāi shàng hǎi cháo de kuì zèng
揣上海潮的馈赠。

gào bié kuàng yě de xīng guāng
告别旷野的星光，

gào bié cǎo yuán de bái yún
告别草原的白云，

gào bié xiǎo xī pàn de niǎo tí
告别小溪畔的鸟啼，

gào bié qiān mò jiān de wā míng
告别阡陌间的蛙鸣。

yīn wèi
因为

xià tiān yǐ jīng bǎ jiē lì bàng
夏天已经把接力棒

jiāo gěi le qiū tiān
交给了秋天，

yīn wèi
因为

jiǔ yuè de tài yáng yǐ zài chuāng qián
九月的太阳已在窗前

dà shēng de
大声地

zhào huàn wǒ men
召唤我们！

qiū tiān de dà shù

2 秋天的大树

jīn bō

金波

qiū tiān wǒ kàn jiàn yì kē dà shù nà

秋天，我看见一棵大树，那

shì yì kē gǔ lǎo de yín xìng shù

是一棵古老的银杏树。

tīng lǎo rén shuō yín xìng shù yǒu sān bǎi

听老人说，银杏树有三百

suì le à zhè shì duō me cháng duō me cháng

岁了。啊，这是多么长多么长

de rì zi a

的日子啊！

wǒ yé ye xiǎo shí hou zài zhè kē shù xià

我爷爷小时候在这棵树下

chéng guo liáng ba wǒ bà ba xiǎo shí hou zài zhè

乘过凉吧，我爸爸小时候在这

kē shù xià zuò guo yóu xì ba

棵树下做过游戏吧！

sān bǎi suì jīng lì le duō shao chūn xià

三百岁，经历了多少春夏

qiū dōng ái guo le duō shao fēng chuī yǔ dǎ a
秋冬，挨过了多少风吹雨打啊！

yí zhèn qiū fēng chuī lái piāo xià yí piàn
一阵秋风吹来，飘下一片

jīn huáng de yè zi wǒ jiē zhù le tā xiàng
金黄的叶子。我接住了它，像

shōu dào qiū tiān de lái xìn xìn lǐ jiǎng shù zhe
收到秋天的来信。信里讲述着

sān bǎi nián de gù shi
三百年的故事。

wǒ néng dú hǎo dài yǒu tàn hào de jù zi
我能读好带有叹号的句子。

tóng xīn de zhù yuàn
3 童心的祝愿

sòng qīng sōng
宋青松

wǒ xiǎng bǎ tiān shàng de xīng xing zhāi xià lái
我想把天上的星星摘下来，
gěi nín chuān chéng yí chuàn dà xiàng liàn
给您穿成一串大项链。
wǒ xiǎng bǎ wǒ men de ài xīn pěng chū lái
我想把我们的爱心捧出来，
gěi nín biān chéng yí gè dà huā huán
给您编成一个大花环。
à zǔ guó mā ma wǒ xiǎng wèi nín
啊！祖国妈妈，我想为您
zuò yí gè guó tǔ yí yàng dà de shēng rì dàn gāo
做一个国土一样大的生日蛋糕，
huà yì fú cháng jiāng yí yàng cháng de měi lì huà juàn
画一幅长江一样长的美丽画卷。

à mā ma shuō wǒ tài xiǎo
啊！妈妈说我太小，
zhè xiē mèng xiǎng hái wú fǎ shí xiàn
这些梦想还无法实现。

nà wǒ jiù yuē gāo yuán de hái zi
那我就约高原的孩子，
shāo lái yí piàn chún jié de xuě huā
捎来一片纯洁的雪花。
nà wǒ jiù yuē sēn lín de hái zi
那我就约森林的孩子，
shāo lái yì jū tián měi de gān quán
捎来一掬甜美的甘泉。
nà wǒ jiù yuē hǎi biān de hái zi
那我就约海边的孩子，
wèi nǐ yáng qǐ zhù fú de fēng fān
为你扬起祝福的风帆。
nà wǒ jiù yuē quán zhōng guó hái zi
那我就约全中国孩子，
yòng tóng xīn xiàn shàng
用童心献上
duì zǔ guó mā ma de zhù yuàn
对祖国妈妈的祝愿！

拾螺壳
shí luó ké

金本
jīn běn

tuì cháo le
退潮了，

wǒ qù shí bèi ké
我去拾贝壳。

shàn bèi ké
扇贝壳？

bú yào
不要；

mǔ lì ké
牡蛎壳？

bú yào
不要；

hǎi hóng ké
海虹壳？

bú yào
不要！

wǒ shì xiǎng shí yì zhī
我是想拾一只

xiǎo xiǎo de
小小的

hóng hóng de
红红的

hǎi luó ké
海螺壳。

bǎ tā zuò chéng
把它做成

xiàng liàn
项链，

guà zài bó zi shàng
挂在脖子上，

tiān tiān tīng tā chàng
天天听它唱

dà hǎi de gē
大海的歌！

wǒ néng jiè zhù wèn hào hé tàn hào dú chū shí luó ké shí yú kuài de xīn qíng
我能借助问号和叹号，读出拾螺壳时愉快的心情。

5 小白杨

xiǎo bái yáng

魏宗

wèi zōng

xiǎo bái yáng, zhàn lù páng,
小白杨，站路旁，

zhěng zhěng qí qí pái chéng háng.
整整齐齐排成行。

shù yè huā huā lái gē chàng,
树叶哗哗来歌唱，

jì zhāo shǒu lái yòu gǔ zhǎng.
既招手来又鼓掌。

jīng fēng yǔ, jīng xuě shuāng,
经风雨，经雪霜，

duàn liàn yì zhì gèng jiān qiáng.
锻炼意志更坚强。

fèn fā zhuó zhuàng xiàng shàng zhǎng,
奋发茁壮向上长，

zhǎng dà chéng cái zuò dòng liáng.
长大成材做栋梁。

6 花宴

金波

我永远不会忘记外祖父那小小的庭院，那儿是花的世界。外祖父常常拉着我的手，带着我在花丛里漫游。我认识了玫瑰、藤萝、白玉兰，还认识了蜡梅、曼陀罗、夹竹桃……

我记得每一次见到外祖父，他都给我吃玫瑰酱。那是他在春天里采下花瓣，捣碎以

hòu jiā táng yān zhì de wǒ hái jì de
后，加糖腌制的。我还记得，
wài zǔ fù kàn zhe wǒ xiāng pēn pēn de chī
外祖父看着我香喷喷地吃
zhe tā xiào de nà yàng kāi xīn
着，他笑得那样开心。

wǒ yuè chī yuè gāo xìng biàn wèn wài
我越吃越高兴，便问外

zǔ fù suǒ yǒu de huā dōu néng zuò zhè yàng hǎo
祖父，所有的花都能做这样好
chī de jiàng ma wài zǔ fù gào su wǒ měi
吃的酱吗？外祖父告诉我，美
lì de huā bù yí dìng dōu néng chī tā zhǐ zhe
丽的花不一定都能吃。他指着
màn tuó luó jiā zhú táo shuō nà shì yǒu dú
曼陀罗、夹竹桃说：“那是有毒
de ér xiù qiú huā yǒu guài wèi
的。而绣球花有怪味。”

yǐ hòu wǒ měi dào wài zǔ fù jiā zuò
以后我每到外祖父家做
kè tā dōu qǐng wǒ chī chān yǒu huā zuò de shí
客，他都请我吃掺有花做的食
pǐn yǒu shí tā qǐng wǒ chī téng luó bǐng yǒu shí
品。有时他请我吃藤萝饼，有时
yòu yòng xuān cǎo huā chǎo cài hái qǐng wǒ hē guo
又用萱草花炒菜，还请我喝过
xiāng tián xiāng tián de guì huā zhōu wǒ hái jì de
香甜香甜的桂花粥。我还记得，
wài zǔ fù shuō rú guǒ yǒu yí zuò huā yuán tā
外祖父说，如果有一座花园，他
néng gěi wǒ kāi yì zhuō bǎi huā yàn li
能给我开一桌百花宴哩！

wǒ hái jì de nà cì wài zǔ fù sòng
我还记得，那次外祖父送
wǒ yí chuàn mò lì huā de xiàng liàn
我一串茉莉花的项链。

wǒ dài zhe tā zǒu dào nǎr nǎr
我戴着它，走到哪儿，哪儿
jiù shuō xiāng gū niang lái le huí dào jiā
就说：“香姑娘来了！”回到家
lǐ mā ma gào su wǒ mò lì huā kě yǐ xūn
里，妈妈告诉我，茉莉花可以熏
chá wǒ gāo xìng de bǎ huā sòng gěi tā le
茶。我高兴地把花送给她了。

wài zǔ fù nà xiǎo xiǎo de tíng yuàn zài
外祖父那小小的庭院，在
wǒ tóng nián de jì yì lǐ shì yí piàn yǒng yuǎn
我童年的记忆里，是一片永远
zǒu bú dào jìn tóu de huā de shì jiè nà lǐ
走不到尽头的花的世界，那里
yǒu huā xiāng sè cǎi hé cí ài
有花香、色彩和慈爱。

wǒ gǎn shòu dào le yí gè chōng mǎn huā xiāng sè cǎi hé cí ài de shì jiè
我感受到了一个充满花香、色彩和慈爱的世界。

wǒ men shì péng you
我们是朋友

péng you shì shén me péng you shì
朋友是什么？朋友是
qīng fēng huì wèi nǐ shì qù liǎn shàng de hàn
清风，会为你拭去脸上的汗
shuǐ péng you shì xì yǔ huì wèi nǐ xǐ qù
水；朋友是细雨，会为你洗去
mǎn shēn de fēng chén
满身的风尘。

běn zǔ wén zhāng bù jǐn gào su wǒ men
本组文章不仅告诉我们
zěn yàng dú hǎo jué sè duì huà hái gào su
怎样读好角色对话，还告诉
wǒ men zěn yàng lián xì shàng xià wén lǐ jiě cí
我们怎样联系上下文理解词
yǔ de yì si kuài lái dú yi dú ba
语的意思。快来读一读吧！

1 小鸭子回家

张秋生

小鸭子在森林里迷路了。

天渐渐黑了，小鸭子很害怕，可是它闭紧嘴巴，不哭也不叫。它要自己找到家，找到亲爱的爸爸妈妈。

走啊，走啊，森林里传来沙啦啦的声音，是狐狸在树丛里躲着吗？一只蜜蜂飞来说：“别

pà bié pà ràng wǒ bǎo hù zhe nǐ huí jiā
怕，别怕，让我保护着你回家！”

zǒu a zǒu a sēn lín lǐ yuè lái yuè àn lù yě kàn bù qīng chu le yì zhī yíng huǒ chóng fēi lái shuō bié pà bié pà wǒ yòng xiǎo
走啊，走啊，森林里越来越暗，路也看不清楚了。一只萤火虫飞来说：“别怕，别怕，我用小

dēng long zhào zhe nǐ huí jiā
灯笼照着你回家。”

zǒu a zǒu a xiǎo yā zi zhōng yú zǒu chū le dà sēn lín yì lún yuán yuán de yuè liang duì xiǎo yā zi shuō zǒu ba zǒu ba ràng wǒ sòng nǐ huí jiā
走啊，走啊，小鸭子终于走出了大森林。一轮圆圆的月亮对小鸭子说：“走吧，走吧，让我送你回家。”

xiǎo yā zi kàn jiàn qián miàn shú xi de dēng huǒ kàn jiàn le zì jǐ de jiā xiǎo yā zi xiè xie tā de sān wèi péng you mì fēng yíng huǒ chóng hé yuè liang
小鸭子看见前面熟悉的灯火，看见了自己的家。小鸭子谢谢它的三位朋友——蜜蜂、萤火虫和月亮。

sān wèi hǎo péng you shuō bú yòng xiè bú yòng xiè nǐ shì yì zhī yǒng gǎn de xiǎo yā zi
三位好朋友说：“不用谢，不用谢，你是一只勇敢的小鸭子。”

2 好朋友

hǎo péng you

yǐn shì lín
尹世霖

xīng xing de hǎo péng you shì yuè liang
星星的好朋友是月亮，

yí kuàir zhào yào zài tiān shàng
一块儿照耀在天上；

wǒ de hǎo péng you shì tóng xué
我的好朋友是同学，

yí kuàir shàng xué zài kè táng
一块儿上学在课堂。

tián guā de hǎo péng you shì guā yāng
甜瓜的好朋友是瓜秧，

shǒu qiān zhe shǒu ér zài dì shàng
手牵着手儿在地上；

wǒ de hǎo péng you shì tóng xué
我的好朋友是同学，

shǒu qiān zhe shǒu ér pá shān gǎng
手牵着手儿爬山岗。

jīng léi de hǎo péng you shì shǎn diàn
惊雷的好朋友是闪电，

nǐ zhuī wǒ gǎn shǎn zhe guāng
你追我赶闪着光；

wǒ de hǎo péng you shì tóng xué
我的好朋友是同学，

nǐ zhuī wǒ gǎn zài cāo chǎng
你追我赶在操场。

hǎo tóng xué tóng xué xí
好同学，同学习；

hǎo tóng xué tóng chéng zhǎng
好同学，同成长。

xiàng xiào yuán de xiǎo shù yì háng háng
像校园的小树一行行，

zhǎng dà hǎo qù dāng dòng liáng
长大好去当栋梁。

wǒ néng jiè shào yí xià wǒ de hǎo péng you
我能介绍一下我的好朋友。

xiǎo xiǎo gōng yuán
小小公园

liú jǐng píng
刘景平

xiǎo xiǎo gōng yuán zhēn měi lì
小小公园真美丽，

lán lán de tiān
蓝蓝的天，

bái bái de yún
白白的云，

yù yù cōng cōng xiǎo shù lín
郁郁葱葱小树林，

yáo yáo bǎi bǎi gǒu wěi cǎo
摇摇摆摆狗尾草，

jī ji zhā zhā huáng lí niǎo
叽叽喳喳黄鹂鸟，

xíng xíng sè sè xiǎo shí qiáo
形形色色小石桥，

rén lái rén wǎng zhēn rè nao
人来人往真热闹。

hǎo péng you shǒu qiān shǒu
好朋友，手牵手，

kāi kāi xīn xīn bǎ yuán guàng
开开心心把园逛。

xiàng yù yù cōng cōng zhè yàng de cí yǔ
像“郁郁葱葱”这样的词语，

wǒ yào duō dú jǐ biàn
我要多读几遍。

4 蜗牛和兔子

wō niú hé tù zi

zhāng qiū shēng
张秋生

wō niú xíng dòng huǎn màn
蜗牛行动缓慢，

tù zi kuài de yí liù yān
兔子快得一溜烟。

zài yí cì ǒu rán zhōng
在一次偶然中，

tù zi hé wō niú
兔子和蜗牛

zài yì kē lǎo xiàng shù xià
在一棵老橡树下

xiāng jiàn
相见。

shí jiān suī duǎn
时间虽短，

tā men què tán de shí fēn tóu yuán
他们却谈得十分投缘。

fēn bié shí kè
分别时刻，
tù zi shuō
兔子说：
wǒ huì jì zhù nǐ de
“我会记住你的，
bú lùn wǒ pǎo de yǒu duō yuǎn
不论我跑得有多远。”

wō niú shuō
蜗牛说：
wǒ yě huì sī niàn nǐ de
“我也会思念你的，

suī rán wǒ
虽然我

zǒng shì zǒu de nà me huǎn màn
总是走得那么缓慢。”

zài zhè shì jiè shàng
在这世界上，

yě xǔ tù zi hé wō niú
也许兔子和蜗牛

zài yě
再也

wú fǎ jiàn miàn
无法见面。

dàn nǐ xiāng xìn ma
但你相信吗，

yí dàn chéng le nán wàng de péng you
一旦成了难忘的朋友，

bù guǎn zài nǎ lǐ
不管在哪里，

tā men dōu huì bǐ cǐ sī niàn
他们都会彼此思念……

wǒ néng tōng guò lián xì shàng xià wén de fāng fǎ lǐ jiě nán wàng de yì si
我能通过联系上下文的方法理解“难忘”的意思。

xīn xué xiào

5 新学校

liú jǐng píng

刘景平

yuán yuan lái dào xīn xué xiào
圆圆来到新学校，
shè tuán huó dòng zhēn bù shǎo
社团活动真不少。
xiě zì huà huà xià xiàng qí
写字画画下象棋，
yàng yàng dōu xiǎng shì yi shì
样样都想试一试。
chàng gē tiào wǔ tán gāng qín
唱歌跳舞弹钢琴，
gē shēng xiào shēng mǎn lóu piāo
歌声笑声满楼飘。
pǎo bù tiào yuǎn tī zú qiú
跑步跳远踢足球，
yùn dòng chǎng shàng zhēn rè nao
运动场上真热闹。

xiàng xià xiàng qí tán gāng qín tī zú qiú zhè yàng de duǎn yǔ
像“下象棋、弹钢琴、踢足球”这样的短语，
wǒ hái néng shuō hěn duō
我还能说很多。

6 分糖果

fēn táng guǒ

wáng yí zhèn
王宜振

wǒ yǒu yí gè táng guǒ hé
我有一个糖果盒。

táng guǒ hé lǐ yǒu huā huā lǜ lǜ de táng guǒ
糖果盒里有花花绿绿的糖果。

bāo yí lì ba，ràng tā zài wǒ de zuǐ lǐ tián tián de róng huà
剥一粒吧，让它在我的嘴里甜甜地融化。

wǒ yí gè rén chī zhe，gǎn dào hěn kuài lè
我一个人吃着，感到很快乐。

wǒ bǎ táng guǒ fēn gěi dà huǒr，xiǎo gē ge、xiǎo jiě jie、xiǎo dì di、xiǎo mèi mei měi rén yì kē
我把糖果分给大伙儿，小哥哥、小姐姐、小弟弟、小妹妹每人一颗。

hā hā wǒ yí gè rén de kuài lè jiù
哈哈，我一个人的快乐就

biàn chéng xǔ duō rén de kuài lè
变成许多人的快乐；

wǒ yí gè rén de xǐ yuè jiù biàn chéng xǔ
我一个人的喜悦就变成许

duō rén de xǐ yuè
多人的喜悦。

wǒ néng yòng xià miàn de jù shì shuō huà
我能用下面的句式说话：

yí gè rén kě yǐ yě kě yǐ zhè yàng wán gǎn
一个人可以（ ），也可以（ ）……这样玩，感

dào hěn kuài lè
到很快乐！

liǎng gè rén kě yǐ yě kě yǐ zhè yàng wán gǎn
两个人可以（ ），也可以（ ）……这样玩，感

dào hěn kuài lè
到很快乐！

1 多少

měi guó xī ěr fú sī tǎn

[美国]希尔弗斯坦

pò jiù de shā mén hái néng kāi duō shao cì

破旧的纱门还能开多少次？

děi kàn nǐ zěn yàng shǐ qiǎo jìnr guān tā

得看你怎样使巧劲儿关它。

yí kuài miàn bāo néng fēn chū duō shao piàn

一块面包能分出多少片？

děi kàn nǐ zěn yàng yòng xīn qù qiē tā

得看你怎样用心去切它。

yì tiān lǐ néng yǒu duō shao xīn xǐ hé kuài lè
一天里能有多少欣喜和快乐？
děi kàn nǐ zěn yàng qù dù guò tā
得看你怎样去度过它。

péng you zhī jiān néng yǒu duō shao qíng yì
朋友之间能有多少情谊？
děi kàn nǐ mǎn xīn lǐ zhuāng de shì bú shì rén jia
得看你满心里装的是不是人家。

wéi wěi yì
（韦苇 译）

zhēng yǒu qǐ shì
2 征友启事

fāng chóng zhì
方崇智

xiǎo niú dú guài gū dān de, yì xīn xiǎng zhǎo gè péng you.
小牛犊怪孤单的，一心想找个朋友。

tā tiē chū le yì zhāng zhēng yǒu qǐ shì, shàng miàn xiě dào:
它贴出了一张征友启事，上面写道：

wǒ xiǎng zhǎo gè péng you, xī wàng néng péi wǒ yì qǐ chī cǎo, yì qǐ wán shuǎ, yì qǐ shài tài yáng, yì qǐ xué gēng tián. shuí néng zuò dào yǐ shàng jǐ diǎn, huān yíng lián xì……
我想找个朋友，希望能陪我一起吃草，一起玩耍，一起晒太阳，一起学耕田。谁能做到以上几点，欢迎联系……

zhēng yǒu qǐ shì gāng gāng tiē chū, dà huǒr
征友启事刚刚贴出，大伙儿

jiù zhēng zhe qù kàn kě shì shān yáng liè gǒu
就争着去看。可是，山羊、猎狗、
huā māo hé mǎ jū yí gè gè xīng fèn de zǒu
花猫和马驹，一个个兴奋地走
lái yòu yí gè gè yáo zhe tóu lí kāi le
来，又一个个摇着头离开了。

jié guǒ xiǎo niú dú yí gè péng you yě
结果，小牛犊一个朋友也
méi zhǎo dào
没找到。

ài shì jiè zhè me dà zěn me lián
"唉，世界这么大，怎么连
yí gè péng you yě zhǎo bú dào xiǎo niú dú
一个朋友也找不到？"小牛犊
xiàng lǎo niú sù kǔ
向老牛诉苦。

lǎo niú tīng wán xiǎo niú dú de yuàn yán
老牛听完小牛犊的怨言，
xiào zhe jiāo tā yí gè bàn fǎ
笑着教它一个办法。

dì èr tiān xiǎo niú dú yòu tiē chū yì
第二天，小牛犊又贴出一
zhāng zhēng yǒu qǐ shì
张征友启事：

wǒ xiǎng zhǎo gè péng you xī wàng néng péi wǒ yì
我想找个朋友，希望能陪我一
qǐ chī cǎo huò zhě yì qǐ wán shuǎ huò zhě yì qǐ shài
起吃草，或者一起玩耍，或者一起晒
tài yáng huò zhě yì qǐ xué gēng tián shuí zhǐ yào néng zuò
太阳，或者一起学耕田。谁只要能做
dào yǐ shàng yì diǎn jiù huān yíng qián lái lián xì
到以上一点，就欢迎前来联系……

xīn de zhēng yǒu qǐ shì gāng yì tiē chū
新的征友启事刚一贴出，

niú lán qián jiù rè nao qǐ lái dà jiā bǎ xiǎo
牛栏前就热闹起来，大家把小
niú dú tuán tuán wéi zhù
牛犊团团围住。

shān yáng shuō ràng wǒ tóng nǐ yì qǐ
山羊说：“让我同你一起
chī cǎo
吃草！”

liè gǒu shuō ràng wǒ gēn nǐ yì qǐ
猎狗说：“让我跟你一起
wán shuǎ
玩耍！”

huā māo shuō ràng wǒ péi nǐ lái shài
花猫说：“让我陪你来晒
tài yáng
太阳！”

mǎ jū shuō ràng wǒ bàn nǐ xué xí
马驹说：“让我伴你学习
gēng tián
耕田！”

zhǐ yí huìr xiǎo niú dú jiù yǒu le
只一会儿，小牛犊就有了
xǔ duō péng you
许多朋友。

cóng cǐ xiǎo niú dú dǒng de le yí gè
从此，小牛犊懂得了一个
dào lǐ duì péng you qiú quán jiù huì shī qù suǒ
道理：对朋友求全，就会失去所
yǒu de péng you duì péng you qiú tóng cái huì zhǎo
有的朋友；对朋友求同，才会找
dào xǔ duō péng you
到许多朋友。

wǒ bù jǐn néng dú hǎo jué sè duì huà hái dú chū le péng you
我不仅能读好角色对话，还读出了朋友
jiān yǒu hǎo xiāng chǔ de fǎ bǎo
间友好相处的法宝。

xiǎo xuě huā
小雪花

fán fā jià
樊发稼

mā ma de wěn
妈妈的吻——
shì wēn nuǎn de
是温暖的，
tián mì de
甜蜜的。

xiǎo xuě huā ya
小雪花呀，
nǐ de wěn
你的吻——
shì bīng liáng de
是冰凉的，
qīng shuǎng de
清爽的。

wǒ men
我们
xiàng xiǎo niǎo yí yàng
像小鸟一样，
huì chàng kuài lè de gē ér
会唱快乐的歌儿。

xiǎo xuě huā ya
小雪花呀，
nǐ bú huì chàng gē
你不会唱歌，
kě nǐ huì tiào
可你会跳——
qīng piāo piāo de jìng qiāo qiāo de
轻飘飘的、静悄悄的
hǎo kàn de wǔ dǎo
好看的舞蹈……

qīng piāo piāo jìng qiāo qiāo wǒ yě néng shuō zhè yàng de cí yǔ
“轻飘飘”“静悄悄”，我也能说这样的词语。

wǔ xīng hóng qí

4 五星红旗

lǐ hóng shēng

李宏声

huáng hé dǎ qǐ le
黄河打起了
huān yíng shì jiè kè rén de wēi fēng gǔ
欢迎世界客人的威风鼓。
cháng jiāng qiāo qǐ le
长江敲起了
rè ài hé píng yǒu yì de xǐ qìng luó
热爱和平友谊的喜庆锣。
jiù lián cháng chéng a
就连长城啊，
yě gāo xìng de niǔ qǐ le dà yāng ge
也高兴地扭起了大秧歌，

xiàng yì tiáo cháng cháng de jù lóng
像一条长长的巨龙，

duō me kuài lè huó pō
多么快乐活泼。

jīn huáng sè de xīng xing
金黄色的星星，

yí gòng yǒu wǔ kē
一共有五颗，

xiāng qiàn zài yíng fēng piāo yáng de hóng qí shàng
镶嵌在迎风飘扬的红旗上，

zhèng chòng zhe wǒ men
正冲着我们

xiào ya xiào hē hē
笑呀笑呵呵。

miáo shù dòng zuò de cí yǔ huì shǐ jù zi gèng shēng dòng。wǒ men kě yǐ yì biān dú yì biān jī lěi "dǎ qǐ gǔ、qiāo qǐ luó、niǔ yāng ge" děng duǎn yǔ。
描述动作的词语会使句子更生动。我们可以一边读一边积累"打起鼓、敲起锣、扭秧歌"等短语。

万物皆有情

皎洁的明月，绚烂的彩虹，轰隆隆的雷声……自然万物让我们感受到世界的丰富多彩；传统佳节有亲人陪伴，成长路上有家人呵护……

读本组文章时，要用学过的方法读好长句子，并积累“（ ）来（ ）去”的词语。

gēng shēn yuè sè bàn rén jiā
更深月色半人家，
běi dǒu lán gān nán dǒu xié
北斗阑干南斗斜。
jīn yè piān zhī chūn qì nuǎn
今夜偏知春气暖，
chóng shēng xīn tòu lǜ chuāng shā
虫声新透绿窗纱。

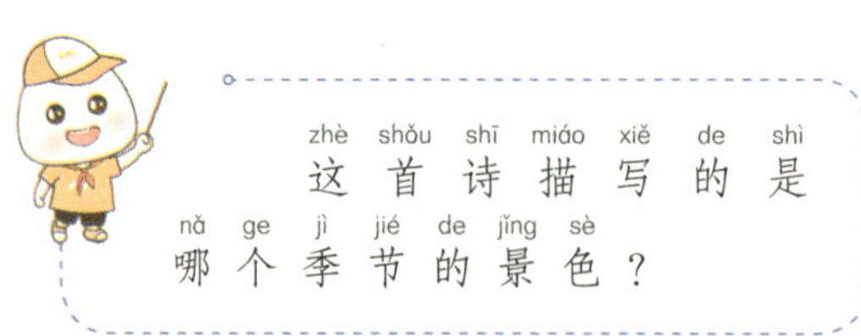

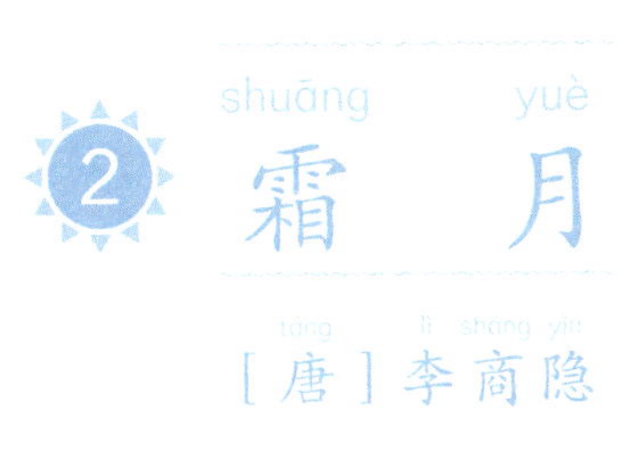

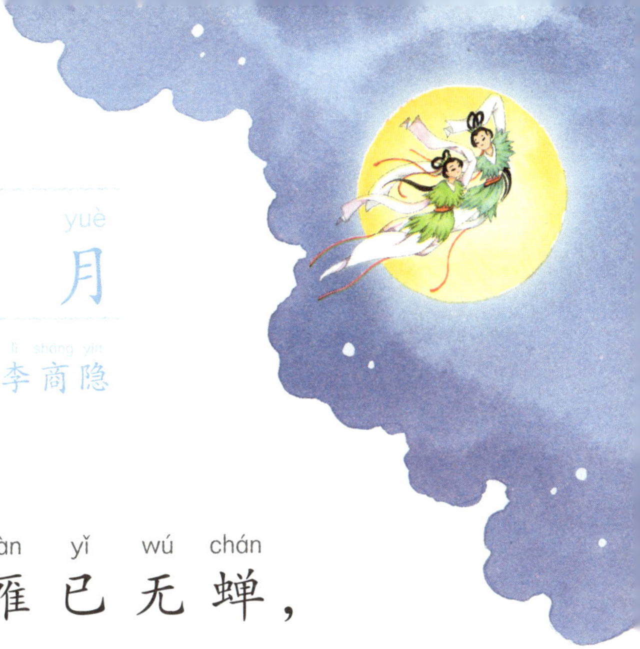

shuāng yuè

2 霜月

táng lǐ shāng yǐn

［唐］李商隐

chū wén zhēng yàn yǐ wú chán

初闻征雁已无蝉，

bǎi chǐ lóu gāo shuǐ jiē tiān

百尺楼高水接天。

qīng nǚ sù é jù nài lěng

青女素娥俱耐冷，

yuè zhōng shuāng lǐ dòu chán juān

月中霜里斗婵娟。

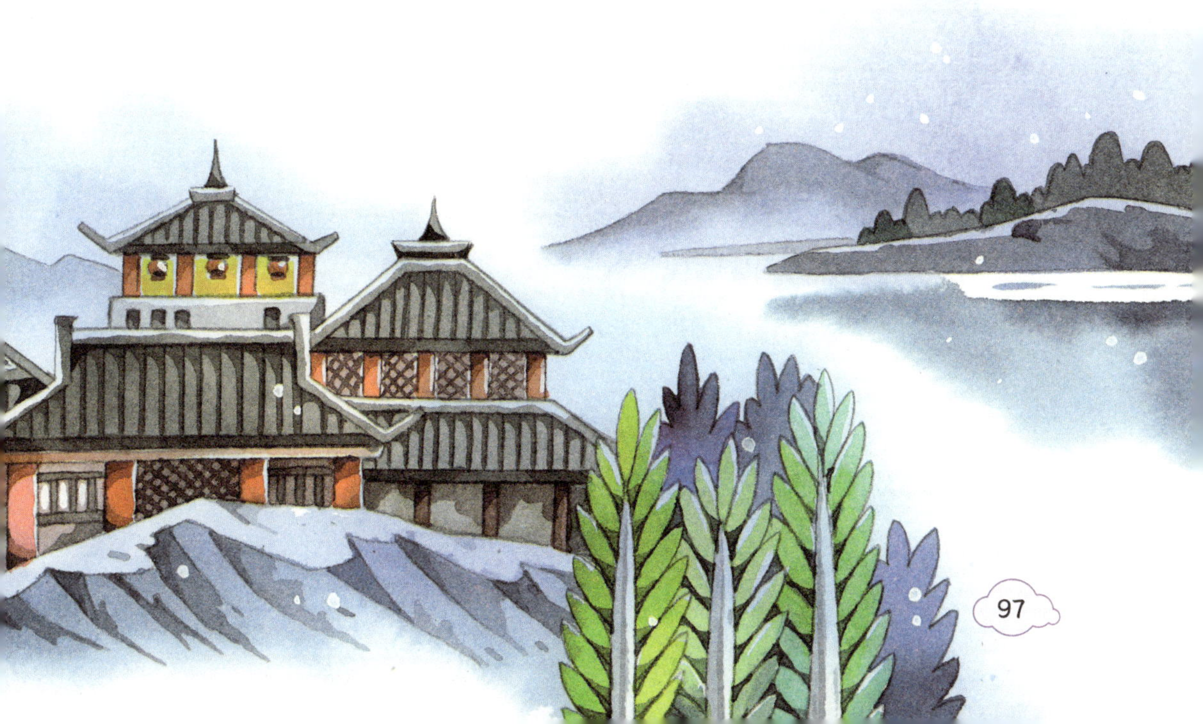

3 心中的铃铛

xīn zhōng de líng dang

张秋生

zhāng qiū shēng

xiǎo xióng yǒu le yì jiān dān dú de fáng
小熊有了一间单独的房
jiān tā hěn gāo xìng
间，他很高兴。

xiǎo xióng shuō mā ma gěi le wǒ yì
小熊说：“妈妈给了我一
jiān xiǎo fáng jiān shuō míng wǒ zhǎng dà le
间小房间，说明我长大了。”

wǎn shang xiǎo xióng xiǎng shàng cè suǒ tā
晚上，小熊想上厕所。他
wàng wang shēn biān méi yǒu mā ma péi zhe sì zhōu
望望身边，没有妈妈陪着，四周
hēi hēi de jìng jìng de zhǐ yǒu chuāng wài de
黑黑的、静静的，只有窗外的
yuè liang zài qiáo zhe tā
月亮在瞧着他。

xiǎo xióng hěn hài pà tā xiǎng shuí lái péi
小熊很害怕，他想：谁来陪

wǒ shàng cè suǒ ne yǒu le xiǎo xióng kàn jiàn
我上厕所呢？有了，小熊看见
chuāng tái shàng fàng zhe yì zhī xiǎo líng dang xiǎo xióng
窗台上放着一只小铃铛，小熊
shuō ràng xiǎo líng dang de líng shēng lái péi bàn
说：“让小铃铛的铃声来陪伴
wǒ ba zhè yàng wǒ jiù bú hài pà le
我吧，这样我就不害怕了。”

xiǎo xióng biān zǒu biān yáo zhe líng dang
小熊边走边摇着铃铛。

dīng dāng dīng dāng dīng dāng
“叮当，叮当，叮当……”

xiǎo xióng jīng guò mā ma de fáng jiān kàn
小熊经过妈妈的房间，看
jiàn mā ma cóng fáng jiān lǐ shēn chū tóu lái tā
见妈妈从房间里伸出头来，她
bù zhī dào fā shēng le shén me shì
不知道发生了什么事。

xiǎo xióng shuō mā ma wǒ yǒu diǎn hài
小熊说：“妈妈，我有点害
pà jiù ràng xiǎo líng dang de líng shēng péi wǒ shàng
怕，就让小铃铛的铃声陪我上
cè suǒ
厕所。”

hěn hǎo nǐ bú yòng hài pà mā
“很好，你不用害怕。”妈
ma shuō wán jiù huí qù shuì jiào le
妈说完就回去睡觉了。

dì èr tiān wǎn shang xiǎo xióng yòu xiǎng qù
第二天晚上，小熊又想去
shàng cè suǒ tā ná qǐ xiǎo líng dang xiǎng yáo yao
上厕所，他拿起小铃铛想摇摇，

zài yì xiǎng mā ma huì bèi nào xǐng de xiǎo xióng
再一想，妈妈会被闹醒的。小熊
fàng xià líng dang shuō ràng wǒ zài xīn zhōng yáo
放下铃铛，说：“让我在心中摇
líng dang ba zhè yàng bú huì nào xǐng mā ma wǒ
铃铛吧，这样不会闹醒妈妈，我
yě bú huì hài pà
也不会害怕。”

xiǎo xióng biān zǒu biān niàn zhe dīng dāng
小熊边走边念着：“叮当，
dīng dāng dīng dāng
叮当，叮当……”

dì sān tiān wǎn shang dāng xiǎo xióng qǐ shēn
第三天晚上，当小熊起身
qù shàng cè suǒ de shí hou tā bú yòng zài zài
去上厕所的时候，他不用再在
xīn zhōng yáo líng dang tā biàn de hěn dà dǎn le
心中摇铃铛，他变得很大胆了。

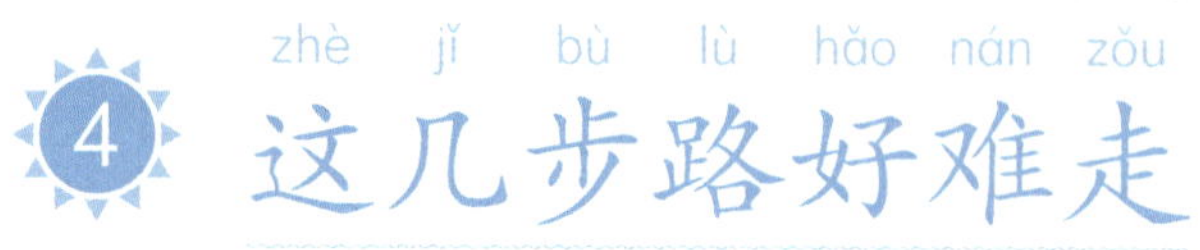

zhè jǐ bù lù hǎo nán zǒu

4 这几步路好难走

é luó sī mo shi kē fū sī kǎ

［俄罗斯］莫什科芙斯卡

wǒ xiǎng hǎo le

我想好了

qù duì mā ma shuō

去对妈妈说。

wǒ zǒu qù wǒ chén chén de mài kāi le bù

我走去，我沉沉地迈开了步。

wǒ zǒu jìn le

我走近了

mā ma zuò zhe de

妈妈坐着的

gé bì nà jiān wū

隔壁那间屋。

wǒ kāi mén de shǒu

我开门的手

shēn qù yòu suō huí

伸去又缩回，

suō huí yòu shēn qù

缩回又伸去。

wǒ mài jìn mā ma de wū
我迈进妈妈的屋，

wǒ zǒu yí bù
我走一步……

yòu zǒu yí bù
又走一步……

wǒ zǒu le jiǔ bù
我走了九步，

wǒ hǎo xiàng shì zǒu le shí bù
我好像是走了十步！

wǒ qīng qīng de
我轻轻地

xiàng mā ma zǒu guò qù
向妈妈走过去，

wǒ qīng qīng de
我轻轻地

duì mā ma shuō
对妈妈说：

duì bu qǐ mā ma wǒ
“对不起，妈妈，我……”

wéi wěi yì
（韦苇 译）

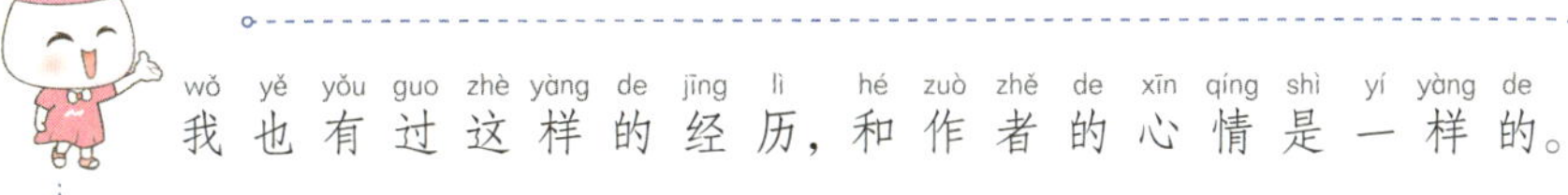

5 端午节
duān wǔ jié

张春明
zhāng chūn míng

wǔ yuè wǔ shì duān wǔ
五月五，是端午，

sài lóng zhōu qiāo dà gǔ
赛龙舟，敲大鼓。

huái niàn dà shī rén qū yuán
怀念大诗人屈原，

mā ma gěi wá jiǎng diǎn gù
妈妈给娃讲典故。

wá wa bāng mā bāo zòng zi
娃娃帮妈包粽子，

hái gěi mā bǎ gǔ shī dú
还给妈把古诗读。

duān wǔ jié kě zhēn rè nao wǒ zhī dào le hěn duō duān wǔ xí sú
端午节可真热闹。我知道了很多端午习俗！

duān wǔ jié sī qū yuán

6 端午节思屈原

sòng yán

宋 岩

měi nián nóng lì wǔ yuè chū wǔ shì duān wǔ
每年农历五月初五是端午
jié yòu chēng duān yáng jié zhè shì wǒ guó zuì gǔ
节，又称端阳节。这是我国最古
lǎo de chuán tǒng jié rì zhī yī jù xiàn zài yǐ
老的传统节日之一，距现在已
jīng yǒu liǎng qiān duō nián de lì shǐ le chuán shuō
经有两千多年的历史了。传说，
duān wǔ jié yǔ ài guó shī rén qū yuán yǒu guān
端午节与爱国诗人屈原有关。

zhàn guó shí qī qín chǔ qí yān
战国时期，秦、楚、齐、燕、
zhào hán wèi qī guó lián nián hùn zhàn qū yuán shì
赵、韩、魏七国连年混战。屈原是
chǔ guó de dà chén jiàn bǎi xìng zài zhàn zhēng de
楚国的大臣，见百姓在战争的
kǔ nàn zhōng zhēng zhá shí fēn tòng xīn tā lì zhì
苦难中挣扎，十分痛心。他立志

bào guó wèi mín quàn chǔ huái wáng rèn yòng xián néng
报国为民，劝楚怀王任用贤能，
ài hù bǎi xìng hěn dé chǔ huái wáng de xìn rèn
爱护百姓，很得楚怀王的信任。

rán ér yì xiē jiān chén duì qū yuán fēi
然而，一些奸臣对屈原非
cháng jí dù cháng cháng zài chǔ huái wáng miàn qián shuō
常嫉妒，常常在楚怀王面前说
qū yuán de huài huà chǔ huái wáng duì qū yuán jiàn
屈原的坏话，楚怀王对屈原渐
jiàn bù mǎn qǐ lái
渐不满起来。

yóu yú chǔ huái wáng tān xīn zhòng le qín guó
由于楚怀王贪心，中了秦国
de jì qín guó gōng zhàn le chǔ guó de chéng chí
的计，秦国攻占了楚国的城池，
yòu pài shǐ chén qǐng chǔ huái wáng qù qín guó yì
又派使臣请楚怀王去秦国议
hé qū yuán kàn pò le qín wáng de yīn móu mào
和。屈原看破了秦王的阴谋，冒
sǐ jìn gōng quàn chǔ huái wáng chǔ huái wáng bú dàn
死进宫劝楚怀王，楚怀王不但
bù tīng fǎn ér gèng jiā shū yuǎn qū yuán yǒu zhe
不听，反而更加疏远屈原。有着

yuǎn dà bào fù de qū yuán shāng xīn wàn fēn
远大抱负的屈原伤心万分。

hòu lái chǔ huái wáng rú qī qù qín guó
后来，楚怀王如期去秦国
tán pàn yí dào qín guó jiù bèi qiú jìn qǐ lái
谈判，一到秦国就被囚禁起来，
sān nián hòu kè sǐ yú qín guó chǔ qǐng xiāng wáng
三年后客死于秦国。楚顷襄王
jí wèi hòu tīng xìn le xiǎo rén de huài huà bǎ
即位后，听信了小人的坏话，把
qū yuán liú fàng dào le yí gè piān pì de dì fang
屈原流放到了一个偏僻的地方。

qū yuán tòng xīn jí le tā bù rěn xīn
屈原痛心极了，他不忍心

kàn dào chǔ guó rèn rén qī wǔ tā pī san zhe
看到楚国任人欺侮。他披散着

tóu fa zǒu zài mì luó jiāng biān liǎn sè qiáo cuì
头发走在汨罗江边，脸色憔悴，

shēn zi gān shòu yí wèi yú fū kàn jiàn tā wèn
身子干瘦。一位渔夫看见他，问

dào nín shì sān lǘ dà fū ma wèi shén me
道：“您是三闾大夫吗？为什么

huì zài zhè lǐ qū yuán huí dá dào zhěng
会在这里？”屈原回答道：“整

gè shì dào hùn zhuó shì rén mí máng dàn wǒ shì
个世道混浊，世人迷茫，但我是

qīng xǐng de suǒ yǐ bèi liú fàng le wǒ
清醒的，所以被流放了……我

nìng yuàn zài zhè jiāng shuǐ zhī zhōng bèi yú chī diào
宁愿在这江水之中被鱼吃掉，

zěn me néng ràng wǒ de qīng bái méng shòu zhè shì
怎么能让我的清白蒙受这世

sú de huī chén ne tā yǎng tiān cháng tàn
俗的灰尘呢？”他仰天长叹，

zuò le yì piān huái shā fù bào qǐ yí
作了一篇《怀沙赋》，抱起一

kuài shí tou zòng shēn tiào rù bō tāo gǔn gǔn de
块石头，纵身跳入波涛滚滚的
mì luó jiāng nà tiān zhèng shì wǔ yuè chū wǔ
汨罗江。那天，正是五月初五。

zài bǎi xìng xīn mù zhōng qū yuán shì yí
在百姓心目中，屈原是一
gè zhōng jūn ài guó wèi mín zhuó xiǎng de hǎo guān
个忠君爱国、为民着想的好官。

dé zhī qū yuán tóu jiāng de xiāo xi hòu bǎi xìng
得知屈原投江的消息后，百姓
fēn fēn lái dào jiāng biān jì diàn wèi le bú ràng
纷纷来到江边祭奠。为了不让
jiāng lǐ de yú chī diào qū yuán de shēn tǐ rén
江里的鱼吃掉屈原的身体，人
men bǎ nuò mǐ zuò chéng zòng zi tóu rù jiāng zhōng
们把糯米做成粽子投入江中。

zhí dào xiàn zài měi dào nóng lì wǔ yuè
直到现在，每到农历五月
chū wǔ quán guó gè dì dōu huì kāi zhǎn gè zhǒng
初五，全国各地都会开展各种
huó dòng jì niàn qū yuán bāo zòng zi chī zòng zi
活动纪念屈原，包粽子、吃粽子
yě chéng wéi duān wǔ jié de fēng sú
也成为端午节的风俗。

dú le zhè ge gù shi kuài xiàng dà jiā jiè shào
读了这个故事，快向大家介绍
yí xià duān wǔ jié de lái lì ba
一下端午节的来历吧！

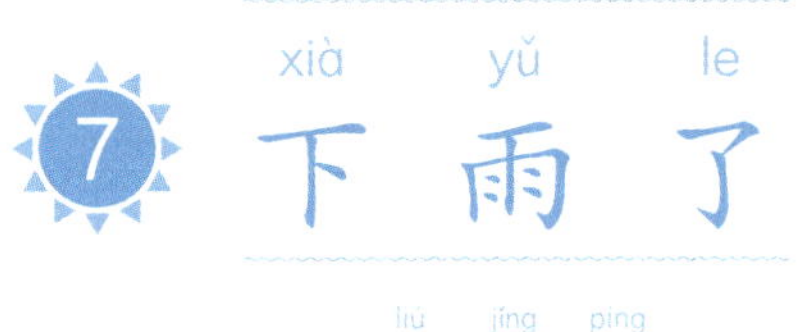

7 下雨了

xià yǔ le

liú jǐng píng
刘景平

qíng lǎng de kōng zhōng
晴朗的空中，
mián yáng shì de bái yún
绵羊似的白云，
yōu xián de piāo lái piāo qù
悠闲地飘来飘去。
hōng lōng lōng hōng lōng lōng
轰隆隆，轰隆隆，
léi gōng gong dài zhe wū yún fān gǔn ér lái
雷公公带着乌云翻滚而来。

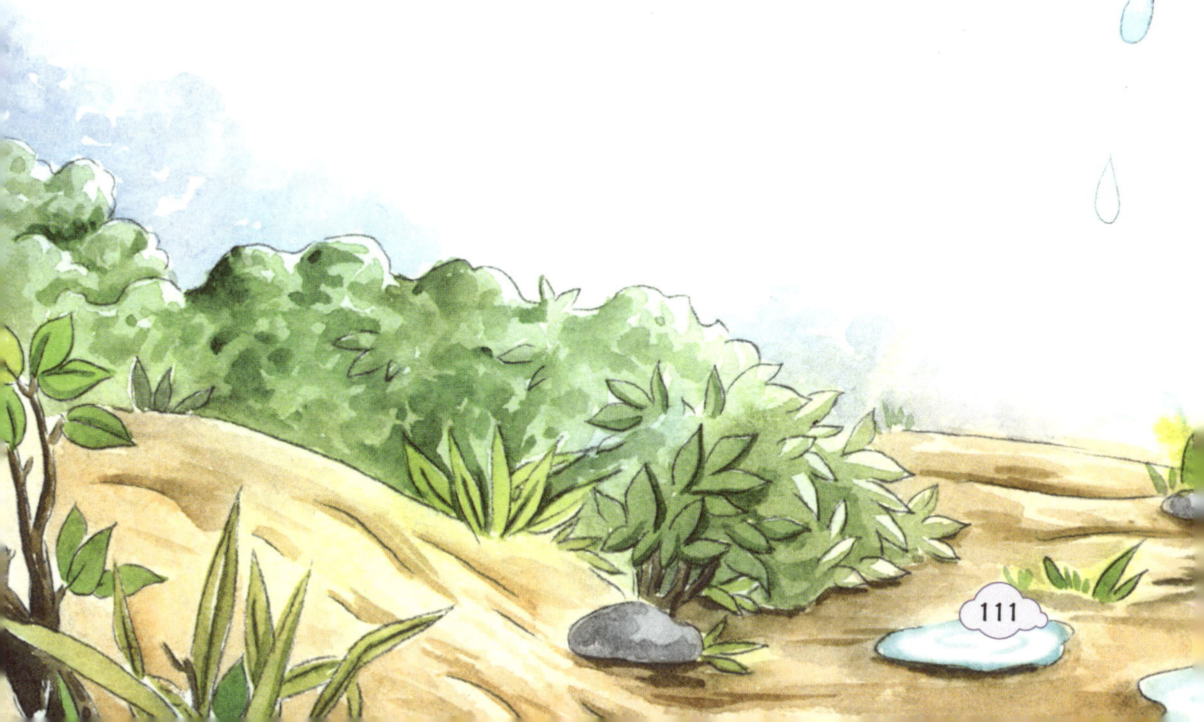

hōng lōng lōng hōng lōng lōng
轰隆隆，轰隆隆，

tiáo pí de xiǎo yǔ diǎnr
调皮的小雨点儿，

cóng wū yún mā ma de huái bào lǐ pǎo chū lái
从乌云妈妈的怀抱里跑出来，

zài kōng zhōng fēi lái fēi qù
在空中，飞来飞去，

zài dì shàng tiào lái tiào qù
在地上，跳来跳去，

tiào qǐ yí dì shuǐ huā
跳起一地水花。

wǒ jī lěi le lái qù de cí yǔ
我积累了“（ ）来（ ）去”的词语。

wān wān de cǎi hóng

8 弯弯的彩虹

wú rán

吴然

chūn tiān lái le xià le yì cháng yǔ

春天来了。下了一场雨，

yòu xià le yì cháng yǔ

又下了一场雨。

shān pō lǜ le hé tān lǜ le cūn dào

山坡绿了，河滩绿了，村道

liǎng páng de liǔ shù yě lǜ le dù juān huā kāi

两旁的柳树也绿了。杜鹃花开

le yóu cài huā kāi le yè zi huā kāi le

了，油菜花开了，叶子花开了，

hái yǒu xuě bái de lí huā hé fěn hóng de táo huā

还有雪白的梨花和粉红的桃花

yě kāi le yō chūn yǔ sǎ guò dà dì biàn

也开了！哟，春雨洒过，大地变

de duō me xīn xiān duō me měi lì

得多么新鲜、多么美丽！

zhè shí tiān kōng chū xiàn yí dào cǎi hóng

这时，天空出现一道彩虹，

yí dào wān wān de cǎi hóng
一道弯弯的彩虹！

mì fēng fēi zhe hú dié fēi zhe niǎo ér
蜜蜂飞着，蝴蝶飞着，鸟儿
míng jiào zhe xiǎo niú dú xiǎo mǎ jū xiǎo shān
鸣叫着，小牛犊、小马驹、小山
yáng huān bèng zhe yì tái hóng sè de tuō lā jī
羊欢蹦着，一台红色的拖拉机
tū tū tū tǔ zhe yān duǒ kāi dào cǎi hóng lǐ
突突突吐着烟朵，开到彩虹里
qù le
去了……

à wān wān de cǎi hóng shì tài yáng xiàn
啊，弯弯的彩虹，是太阳献
gěi dà dì de huā huán ma
给大地的花环吗？

xià miàn wèi tóng xué men biān pái le sān shǒu xiǎo shī léi shēng hé shǎn diàn
下面为同学们编排了三首小诗：《雷声和闪电》
dǎ léi gē chūn yǔ tóng xué men kě yǐ yì biān dú yì biān jī lěi miáo xiě
《打雷歌》《春雨》。同学们可以一边读，一边积累描写
shēng yīn de cí yǔ hái kě yǐ fā huī xiǎng xiàng biān yì shǒu xiǎo shī
声音的词语，还可以发挥想象编一首小诗。

dèng yuán jié
邓元杰

tiān shàng léi shēng hé shǎn diàn
天上雷声和闪电，
dōu shì tián jìng yùn dòng yuán
都是田径运动员。
hēi yún gōng gong fā hào lìng
黑云公公发号令，
gē liǎ yì qí bèn dì miàn
哥俩一齐奔地面。

shǎn diàn gē ge pǎo de kuài
闪电哥哥跑得快，
měi cì bǐ sài dōu lǐng xiān
每次比赛都领先；
léi shēng dì di luò hòu le
雷声弟弟落后了，
hōng lōng hōng lōng kū bàn tiān
轰隆轰隆哭半天。

2 打雷歌

常福生

lóng lóng lóng lóng dǎ qīng léi
隆隆隆隆打轻雷，

dōng dōng dōng dōng dǎ xiǎng léi
咚咚咚咚打响雷，

xī li shā lā dǎ sǎn léi
稀里沙啦打散雷，

huā lā lā lā dǎ zhà léi
哗啦啦啦打炸雷，

yóu yuǎn ér jìn dǎ gǔn léi
由远而近打滚雷，

pī li pā lā dǎ huā léi
噼里啪啦打花雷，

léi gōng léi pó kāi dà huì
雷公雷婆开大会，

yòu xià dà yǔ yòu dǎ léi
又下大雨又打雷。

3 春雨

刘饶民

滴答，滴答，下小雨啦……

种子说："下吧，下吧！我要发芽。"

梨树说："下吧，下吧！我要开花。"

麦苗说："下吧，下吧！我要长大。"

孩子说："下吧，下吧！我要种瓜。"

滴答，滴答，下小雨啦……

阅读实践

活动一

dú du zhè sān shǒu xiǎo shī biāo chū nǐ xǐ huan de cí yǔ huò jù zi yòng xià miàn de píng jià biāo zhǔn gěi zì jǐ píng jià yí xià ba

读读这三首小诗，标出你喜欢的词语或句子，用下面的评价标准给自己评价一下吧！

读一读

★	dú zhǔn zì yīn bù jiā zì bú lòu zì 读准字音，不加字，不漏字。
★★	zhèng què liú lì de lǎng dú zhèng què tíng dùn 正确流利地朗读，正确停顿。
★★★	zhèng què liú lì de lǎng dú zhèng què tíng dùn dú chū shī gē de jié zòu 正确流利地朗读，正确停顿，读出诗歌的节奏。

活动二

nǐ néng bǎ xià miàn de cí yǔ zhǔn què de fēn dào pán zi lǐ ma fēn wán zhī hòu hé tóng xué jiāo liú yí xià ba

你能把下面的词语准确地分到盘子里吗？分完之后，和同学交流一下吧！

滴滴答答

轰隆隆

哗啦哗啦

噼噼啪啪

滴答答

轰隆轰隆

滴答滴答

活动三

雷声、闪电、小雨、彩虹……大自然中有很多有趣的自然现象。根据下面的提示发挥想象，编一首儿歌吧！

轰隆轰隆——（　　　　）说：

“____”

滴答滴答——（　　　　）说：

“____”

1 月亮

yuè liang

yǐn shì lín
尹世霖

tiān hēi zǒu xiǎo dào
天黑走小道，
tóu shàng yuè liang zhào
头上月亮照。
wǒ ài yuè liang zhí yè bān
我爱月亮值夜班，
bù hé tài yáng zhēng róng yào
不和太阳争荣耀。

yuè liang xiǎo chuán yún hǎi yóu
月亮小船云海游，
yuè liang bǎo bao qíng kōng xiào
月亮宝宝晴空笑。
wǒ ài yuè liang biàn huà duō
我爱月亮变化多，
bú xiàng tài yáng tài dān diào
不像太阳太单调。

2 中秋月

zhōng qiū yuè

fù tiān lín
傅天琳

kàn a yuè liang shēng qǐ lái le
看啊，月亮升起来了，
cóng hú shuǐ cóng cǎo dì cóng shù lín
从湖水，从草地，从树林，
cóng chéng shì de shàng kōng shēng qǐ lái le
从城市的上空升起来了。

wǒ kàn jiàn yuè liang shàng jǐ jǐ yì táng
我看见月亮上济济一堂，
zhàn mǎn shī rén
站满诗人。
tā men shì
他们是
lǐ bái dù fǔ wáng wéi cén shēn zhāng jiǔ líng
李白、杜甫、王维、岑参、张九龄，
děng děng děng děng
等等等等。
qǐng yuán liàng wǒ shǔ dōu shǔ bú guò lái le
请原谅，我数都数不过来了。

tā men xiàng shì zài yuè liang shàng kāi shī huì
他们像是在月亮上开诗会，
yí gè yí gè zhēng zhe fā yán
一个一个争着发言。
tā men bǎ yì nián yì nián de zhōng qiū yuè
他们把一年一年的中秋月，
yín sòng de gèng yuán le gèng liàng le
吟诵得更圆了，更亮了。

tā men zhàn zài gè zì de shī jù shàng
他们站在各自的诗句上，
yǐ jīng zhàn le yì qiān nián
已经站了一千年，
hái yào zài zhàn yí wàn nián yí wàn wàn nián
还要再站一万年，一万万年。

wǒ huì bèi hěn duō guān yú yuè liang de shī jù
我会背很多关于月亮的诗句。

3 勇敢的“胆小鬼”

刘喜成

玲玲是班上有名的胆小鬼，对什么都怕。她最怕爸爸生气。

一天，我去玲玲家玩，一进门就看见有只小鸟被拴在木棍上，正在扑腾着乱飞……

我问：“哪儿来的小鸟？”那是只美丽的小鸟，油亮的羽毛闪耀着斑斓的色彩。

玲玲说：“是爸爸从街上

mǎi lái de
买来的。”

hǎo kě lián a tā yí dìng xiǎng mā
“好可怜啊，它一定想妈
ma la
妈啦。”

líng ling yáo yao tóu xiào le bú duì
玲玲摇摇头，笑了：“不对，
tā yí dìng shì niǎo bà ba qiáo hái zhǎng zhe hú
它一定是鸟爸爸，瞧，还长着胡
zi ne
子呢！”

zhǎng hú zi bù yí dìng jiù shì niǎo bà
“长胡子不一定就是鸟爸
ba xiǎo tù xiǎo māo yě zhǎng hú zi ne
爸。小兔、小猫也长胡子呢。”

hū rán líng ling de xiào róng bú jiàn le
忽然，玲玲的笑容不见了，
tā shuō zán men fàng zǒu tā ba shuō wán
她说：“咱们放走它吧。”说完，
tā tái tóu cháo mén wài kàn le kàn
她抬头朝门外看了看。

nà nǐ bú pà bà ba shēng qì ma
“那你不怕爸爸生气吗？”

líng ling yì tái tóu shuō bú pà
玲玲一抬头，说：“不怕！
bú jiù shì ái mà ma
不就是挨骂吗？”

líng ling ràng wǒ bāng tā zhuō zhù xiǎo niǎo
玲玲让我帮她捉住小鸟，
tā xiǎo xīn de jiǎn duàn le shéng zi xiǎo niǎo bèi
她小心地剪断了绳子，小鸟被
fàng zǒu le
放走了。

xiǎo niǎo luò zài chuāng wài de shù shàng yòng
小鸟落在窗外的树上，用

嘴整整羽毛，“啾啾”叫了两声，仿佛在说：“谢谢！再见！”

看着玲玲拍手快活的样子，我忽然想：看起来，她不是个一般的胆小鬼，而是一个勇敢的“胆小鬼”！

4 “咚咚哐”划龙船①

屠再华

吃了粽子、雄黄豆，我和妈妈就跟着外婆去看龙船。龙船打扮得五颜六色：船头上装着一个龙头，两只犄角翘翘的，圆眼睛，大嘴巴，长胡须。这用木头雕成的玩意儿，看上去活灵活现。划龙船要十几个小伙子一起使劲儿划。龙船

①本文选自《快乐的端午节》。

里“咚咚哐！”“咚咚哐！”敲着锣鼓。划起来“哗啦！”“哗啦！”响起一片水声，绽开一片水花儿，乘风破浪。龙船与龙船比赛起来，那就更加好看。

“咚咚哐！”“哗啦！”“咚咚哐！”“哗啦！”

外婆家旁边有个五龙漾，五龙漾连着五条港。传说，只要有四条龙船同时从五条港里划进五龙漾，另一条港里就会出现一只金龙船。传说是很神的，大家都没有见到过金龙船。尽管这样，我每次去外婆家看龙船，外婆总是一遍遍地重复着这个古老的故事……

5 天边的故事书

tiān biān de gù shi shū

晨枫

chén fēng

tài yáng duǒ dào shān hòu biān qù le bù
太阳躲到山后边去了，不
zhī shì gēn shuí zài zhuō mí cáng ne zhěng gè
知是跟谁在捉迷藏呢！整个
xī biān de tiān kōng biàn chéng le yí gè méi gui
西边的天空，变成了一个玫瑰
sè de shì jiè nà sè cǎi yí gè jìnr de
色的世界，那色彩，一个劲儿地
biàn huàn biàn huàn
变幻，变幻……

zhǔn shì yǒu yí wèi shén qí de mó shù
准是有一位神奇的魔术

shī duǒ zài nà méi gui sè de dà mù hòu miàn
师，躲在那玫瑰色的大幕后面，
wán zhe gè zhǒng sè cǎi bù tóng de yún tuán zài
玩着各种色彩不同的云团，在
biǎo yǎn mó shù ne
表演魔术呢！

kàn yí huìr biàn chū le xiǎo huā gǒu
看，一会儿变出了小花狗，
yí huìr biàn chū le zǎo hóng mǎ yí huìr
一会儿变出了枣红马，一会儿

shì zhǔ guǎi zhàng de lǎo yé ye yí huìr yòu
是拄拐杖的老爷爷，一会儿又
shì mài huǒ chái de xiǎo nǚ hái hái yǒu dǒu
是卖火柴的小女孩……还有陡
qiào de shān fēng wān wān de xiǎo lù qīng liang de
峭的山峰，弯弯的小路，清亮的
xiǎo hé ne
小河呢。

tài yáng luò shān de shí hou tiān biān dào
太阳落山的时候，天边到
dǐ shì yí cè fān bù wán de cǎi sè huà bào
底是一册翻不完的彩色画报，
hái shi yì běn yǒu qù de gù shi shū ne
还是一本有趣的故事书呢？

duì gèng xiàng yí gè biàn huàn wú qióng de
对，更像一个变幻无穷的
dà wǔ tái
大舞台。

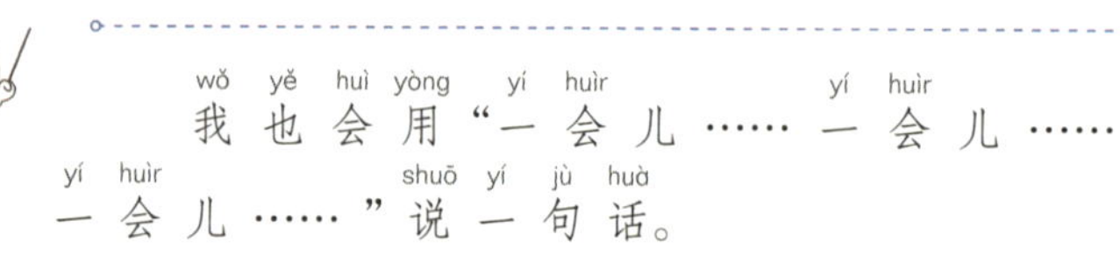

wǒ hé xiǎo jiě jie kè lā lā
《我和小姐姐克拉拉》

dé guó dí mǐ tè ěr yīn kě fū
[德国]迪米特尔·茵可夫

小朋友，你们知道被德国权威儿童文学评论家誉为“世界上最可爱的书”是什么书吗？就是这套《我和小姐姐克拉拉》。吃了大蛋糕，为什么“肚子好疼好疼”？根本不会理发的克拉拉，把“我”的头发剪成什么样子了？克拉拉究竟用了什么办法，让妈妈烦透的吸尘器推销员再也没有来过？吃苹果大赛最后谁赢了？煮熟的洋葱能不能把“我”染成黄色？……这些问题的答案就在这套书里面。快快打开它，开启不一样的阅读之旅吧！

作者简介

迪米特尔·茵可夫（1932—2006）出生于保加利亚南部的哈斯考夫。他在保加利亚完成了大学学业，1965年定居德国。他一生写了一百多部儿童文学作品，是德国，也是世界上最有影响力的儿童文学作家之一。他的成名作，就是系列作品《我和小姐姐克拉拉》，已经成为世界当代儿童文学经典之作。

《我和小姐姐克拉拉》主要写了发生在小姐姐克拉拉和弟弟之间、他们和父母之间、他们和动物之间，还有他们和他们想象出来的各种小偷、强盗之间的故事。

小姐姐克拉拉心眼儿活，点子多。弟弟对小姐姐很崇拜，但有时候也不服气。他们有时是同盟，有时又是对手。他们互相揭短，互相捣乱，但最后总是互相原谅，重归于好。

姐弟俩的出发点都是好的，但结果总是让人啼笑皆非，一个个简单的故事中还带有一点点哲理。《大蛋糕》

zhōng kè lā lā dān xīn dàn gāo bù xīn xiān huì ràng liǎng
中，克拉拉担心蛋糕不新鲜，会让两
gè yí mā zhòng dú sǐ diào suǒ yǐ nìng yuàn yì diǎn diǎn qù
个姨妈中毒死掉，所以宁愿一点点去
pǐn cháng zhí dào bǎ dàn gāo quán bù chī wán zuì hòu zì
品尝，直到把蛋糕全部吃完，最后自
jǐ de dù zi hǎo téng hǎo téng jiǎn tóu fa zhōng dāng
己的肚子好疼好疼；《剪头发》中，当
wǒ fā xiàn kè lā lā gēn běn bú huì jiǎn tóu fa qiú
“我”发现克拉拉根本不会剪头发，求
tā tíng xià lái shí tā què shuō fù guo le qián jiù děi
她停下来时，她却说“付过了钱就得
jiǎn zhǒng zhǒng qù shì ràng rén bǎi kàn bú yàn
剪”……种种趣事，让人百看不厌。

jiǎn tóu fa jié xuǎn
剪头发（节选）

wǒ men kě yǐ kāi shǐ le tā
“我们可以开始了！”她
jiě shì shuō nǐ xiǎng yào jiǎn gè shén me fà
解释说，“你想要剪个什么发
xíng duǎn de hái shi cháng de
型？短的还是长的？”

wǒ gēn běn bù zhī dào wǒ yào shén me
我根本不知道我要什么
yàng de fà xíng suǒ yǐ wǒ shuō wǒ yào nà
样的发型，所以我说：“我要那
zhǒng shuài de fà xíng
种帅的发型。”

hǎo ba wǒ jiù bāng nǐ jiǎn gè shuài de
“好吧！我就帮你剪个帅的。”

nǐ gēn běn bú huì
“你根本不会。”

wǒ huì de
“我会的。”

wǒ zuò dào jìng zi qián miàn kè lā lā
我坐到镜子前面，克拉拉
bǎ yì tiáo máo jīn wéi zài wǒ de bó zi shàng
把一条毛巾围在我的脖子上。

xiàn zài nǐ kě děi ān jìng zuò hǎo
“现在你可得安静坐好。”
tā jiù xiàng yí gè zhēn zhèng de lǐ fà shī nà
她就像一个真正的理发师那
yàng shuō qí shí tā gēn běn jiù bú shì rán
样说，其实她根本就不是。然
hòu tā ná qǐ jiǎn dāo kāi shǐ kā chā kā
后她拿起剪刀，开始“咔嚓咔

嚓”地剪头发了。一眨眼工夫，我的一半头发就不见了。

“停住！”我叫起来，“快停下来！”

“为什么？我刚开始剪。”

“因为你不是真的理发师。”

“我就是！”

“你根本不会剪头发。”

“这是什么？”克拉拉真的生气了，举起一把剪下来的头发问我，“是我把它们剪下来了，对不对？”

“对！”

“那就说明我会剪头发的。”

“求你，求你，克拉拉，我不想再剪了！”我求她说。看到

bèi jiǎn xià lái de tóu fa wǒ hěn xīn téng
被剪下来的头发，我很心疼。

nǐ fù guo jiǎn tóu fa de qián le
“你付过剪头发的钱了，

shì bú shì
是不是？”

shì de
“是的！”

nà wǒ jiù děi jiē zhe jiǎn xià qù
“那我就得接着剪下去。

fù guo le qián jiù děi jiǎn
付过了钱就得剪。”

tā jiǎn a jiǎn a jiù xiàng wǒ yì kāi
她剪啊剪啊。就像我一开

shǐ jiù zhī dào de nà yàng kè lā lā gēn běn
始就知道的那样，克拉拉根本

jiù bú huì jiǎn tóu fa wǒ de tóu kàn shàng qù
就不会剪头发，我的头看上去

jiù xiàng yí piàn bèi gēng guo de cǎo dì jí shǐ
就像一片被耕过的草地。即使

wǒ zài fǎn kàng yě yǐ jīng méi jiù le
我再反抗，也已经没救了。

jiǎn ba wǒ shuō jiē zhe jiǎn
“剪吧！”我说，“接着剪

ba nǐ gēn běn jiù bú shì lǐ fà shī xiàn
吧！你根本就不是理发师，现
zài nǐ míng bai le ma
在你明白了吗？”

dāng wǒ tóu shàng zài méi yǒu tóu fa kě
当我头上再没有头发可
yǐ jiǎn de shí hou kè lā lā cái tíng xià lái
以剪的时候，克拉拉才停下来。

hǎo ba tā shuō jiǎn wán le
“好吧。”她说，“剪完了。”

wǒ gēn běn jiù bù xǐ huan wǒ
“我根本就不喜欢。”我
shuō nǐ zhè jiào shén me jiǎn tóu fa nǐ
说，“你这叫什么剪头发？你
jué de hǎo kàn ma
觉得好看吗？”

chéng wěi yì
（程玮 译）

阅读小贴士

yù dào bú rèn shi de zì kě
遇到不认识的字，可
yǐ jiè zhù pīn yīn lái dú yo
以借助拼音来读哟！

yù dào bù dǒng de cí kě
遇到不懂的词，可
yǐ dú du jù zi huò zhě kàn kan chā
以读读句子或者看看插
tú jìn xíng cāi dú hé tiào dú kuài
图，进行猜读和跳读。快
lái shì shi ba
来试试吧！

dú shū yí dìng yào dà
读书，一定要大
shēng dú zhè yàng nǐ huì gèng zì
声读，这样你会更自
xìn jiā yóu
信，加油！

我伴你读

活动一

我爱读书

日期	阅读内容	阅读评价
__月__日	第（　）页到第（　）页	☆☆☆
__月__日	第（　）页到第（　）页	☆☆☆
__月__日	第（　）页到第（　）页	☆☆☆
__月__日	第（　）页到第（　）页	☆☆☆
__月__日	第（　）页到第（　）页	☆☆☆
__月__日	第（　）页到第（　）页	☆☆☆
__月__日	第（　）页到第（　）页	☆☆☆
__月__日	第（　）页到第（　）页	☆☆☆
__月__日	第（　）页到第（　）页	☆☆☆
__月__日	第（　）页到第（　）页	☆☆☆
__月__日	第（　）页到第（　）页	☆☆☆

（续表）

日期	阅读内容	阅读评价
__月__日	第（　　）页到第（　　）页	☆☆☆
__月__日	第（　　）页到第（　　）页	☆☆☆
__月__日	第（　　）页到第（　　）页	☆☆☆
__月__日	第（　　）页到第（　　）页	☆☆☆
__月__日	第（　　）页到第（　　）页	☆☆☆
__月__日	第（　　）页到第（　　）页	☆☆☆
__月__日	第（　　）页到第（　　）页	☆☆☆
__月__日	第（　　）页到第（　　）页	☆☆☆

yuè dú píng jià
阅读评价：

měi tiān zhǔn shí yuè dú
1. 每天准时阅读。☆

wán chéng yuè dú rèn wù
2. 完成阅读任务。☆☆

néng bǎ dú dào de gù shi jiǎng gěi bà ba mā ma tīng
3. 能把读到的故事讲给爸爸妈妈听。☆☆☆

活动二

怪事链接

wǒ hé xiǎo jiě jie kè lā lā zhī jiān de
“我”和小姐姐克拉拉之间的
shì qing yǒu de hěn qí guài yo zài chī píng guǒ bǐ sài
事情有的很奇怪哟！在吃苹果比赛
zhōng kè lā lā shǎo le sì kē yá jìng rán hái néng bǐ
中，克拉拉少了四颗牙，竟然还能比
wǒ lǐng xiān kè lā lā hé wǒ chī le bìng
“我”领先！克拉拉和“我”吃了并
méi yǒu biàn zhì de dàn gāo dù zi jìng rán hǎo téng hǎo
没有变质的蛋糕，肚子竟然好疼好
téng xià miàn gù shi zhōng de nèi róng hé nǎ ge gù
疼……下面故事中的内容和哪个故
shi de tí mù shì xiāng duì yìng de nǐ néng yòng xiàn lián
事的题目是相对应的？你能用线连
qǐ lái ma
起来吗？

tā měi cì cóng xué xiào huí lái dōu
她每次从学校回来，都
bào yuàn shū bāo tài chén tā tàn zhe qì
抱怨书包太沉。她叹着气，
mǎ shàng bǎ shū bāo rēng dào jiǎo luò lǐ
马上把书包扔到角落里。

bú cuò kè lā lā diǎn tóu shuō dàn
“不错。”克拉拉点头说，“蛋
gāo de zhōu wéi dōu shì hǎo de kě shì shuí dōu
糕的周围都是好的，可是，谁都
zhī dào dài qiǎo kè lì hé nǎi yóu de dàn gāo
知道，带巧克力和奶油的蛋糕，
zuì róng yì huài de jiù shì zhōng jiān nà bù fen
最容易坏的就是中间那部分。”

xiàng huǒ jiàn nà me kuài de chī nǐ kěn
“像火箭那么快地吃，你肯
dìng bù xíng yīn wèi nǐ shǎo le sì kē yá shàng
定不行，因为你少了四颗牙，上
miàn liǎng kē xià miàn liǎng kē méi yǒu yá nǐ
面两颗，下面两颗。没有牙，你
zěn me néng chī de kuài ne
怎么能吃得快呢？”

《比赛吃苹果》

《大蛋糕》

《背书包》

活动三

趣事大赛

dú le wǒ hé xiǎo jiě jie kè lā lā de gù
读了“我”和小姐姐克拉拉的故
shi nǐ shì bú shì yě xiǎng qǐ le zì jǐ de yì xiē qù shì
事，你是不是也想起了自己的一些趣事
ne xuǎn zé yí gè zuì yǒu qù de huà chū lái zài gěi dà
呢？选择一个最有趣的画出来，再给大
jiā jiǎng yi jiǎng ràng wǒ men bǐ yi bǐ shuí huà de zuì yǒu yì
家讲一讲。让我们比一比谁画得最有意
si shuí jiǎng de zuì yǒu qù ba
思，谁讲得最有趣吧！

敬　启

为编好这本书，我们与收入本书的作品（含图片）作者进行了广泛联系，得到了各位作者的大力支持。在此，我们表示衷心的感谢。但是，由于个别作者地址不详，虽经多方努力，仍无法取得联系。敬请各位有著作权的作者尽快与我们联系，以便我们支付稿酬，并致谢忱！

我们还要感谢使用本书的师生们。希望你们在使用本书的过程中，能够及时把意见和建议反馈给我们，对此，我们深表谢意，并将给予一定奖励。让我们携起手来，共同完成本书的建设工作。

联 系 人：梁老师　刘老师

联系电话：010-58022100-6362

联系邮箱：ztxx2008@sina.com

网　　址：http://www.ywztxx.com

地　　址：北京市海淀区知春路7号致真大厦A座18层

图书在版编目（CIP）数据

春天的歌 / 张丽主编. — 上海：上海教育出版社，2021.12

ISBN 978-7-5720-0804-7

Ⅰ. ①春… Ⅱ. ①张… Ⅲ. ①阅读课—小学—教学参考资料 Ⅳ. ①G624.233

中国版本图书馆CIP数据核字（2021）第260850号

责任编辑　顾　翊
封面设计　陈丽娟　王艺霖
著作权人　北京华樾教育科技有限公司

春天的歌

张丽　主编

出版发行　上海教育出版社有限公司
官　　网　www.seph.com.cn
地　　址　上海市闵行区号景路159弄C座
邮　　编　201101
印　　刷　河北泓景印刷有限公司
开　　本　720×1010　1/16　印张 20
字　　数　200千字
版　　次　2021年12月第1版
印　　次　2021年12月第1次印刷
书　　号　ISBN 978-7-5720-0804-7/G・0620
定　　价　118.00元（全二册）